ARRIEN

PÉRIPLE DU PONT-EUXIN

COLLECTION DES UNIVERSITÉS DE FRANCE
publiée sous le patronage de l'ASSOCIATION GUILLAUME BUDÉ

ARRIEN

PÉRIPLE DU PONT-EUXIN

TEXTE ÉTABLI ET TRADUIT

PAR

ALAIN SILBERMAN

Maître de Conférences à l'Université Stendhal Grenoble III

Deuxième tirage

PARIS

LES BELLES LETTRES

2002

Conformément aux statuts de l'Association Guillaume Budé, ce volume a été soumis à l'approbation de la commission technique, qui a chargé M. Didier Marcotte d'en faire la révision et d'en surveiller la correction en collaboration avec M. Alain Silberman.

© 2002. Société d'édition Les Belles Lettres
95 boulevard Raspail, 75006 Paris
www.lesbelleslettres.com

Première édition 1995

ISBN : 2-251-00446-7
ISSN : 0184-7155

NOTICE

I. L'AUTEUR ET L'ŒUVRE

1. — DATE DE COMPOSITION DU PÉRIPLE DU PONT-EUXIN *.

Nous disposons, pour dater ce *Périple*, ou tout au moins la partie de celui-ci constituée par la lettre d'Arrien à Hadrien, d'un seul élément, mais précieux : l'allusion à la mort récente du roi du Bosphore Cimmérien, Cotys (*Pér.*, 17, 3). Or, l'on sait que Cotys II régna de 400 à 429 de l'ère bosporane, c'est-à-dire de 123-124 à 131-132 ap. J.-C. [1]. La nouvelle de cette mort nous est donc présentée comme étant parvenue à Arrien au cours de sa visite d'inspection. Un tel voyage, cela paraît naturel, a très probablement dû être entrepris par le légat propréteur de Cappadoce très peu de temps après son entrée en charge. D'autre part, il est raisonnable de penser qu'Arrien a dû prendre la mer pendant la belle saison [2]. Le voyage, donc, a dû se dérouler au cours de l'été 131 ou 132.

---

* Les noms propres, éventuellement suivis d'un chiffre entre parenthèses, renvoient à la Bibliographie (p. XXXVII-XLV).

1. Cf. Phleg. Tr., *Olymp.*, 15 frg. 20 (XXII) in : *F.Gr.H* III, 257 F 17 (= Const. Porphyr., *De Them.*, II, 12). — Voir : *Brit. Mus. cat.*, « *Bosporos* », p. 61 sq. ; Kahrstedt, *RE* I A 1 (1914), *s.v.* Ῥοιμητάλκης, col. 1004 ; Gajdukevič, p. 350.

2. Arrien subira d'ailleurs une sévère tempête au cours de ce voyage : *Pér.*, 3, 2-5, 3. La meilleure saison pour naviguer va, selon Vegetius, *Re mil.*, IV, 39 (cité par Casson, p. 270), du 27 mai au 14 septembre (du 10 mars au 10 novembre, limites extrêmes). Il est peu

D'autre part, si l'on peut se poser des questions sur les raisons qui ont fait adopter à Arrien un plan aussi bizarre et sur le caractère composite d'un Périple qui débute par la reproduction d'une lettre adressée à Hadrien et se présente comme un compte rendu d'inspection, il ne fait guère de doute, quels que soient, en dehors d'Hadrien, les destinataires éventuels de cet opuscule, que celui-ci a été composé au cours du voyage d'inspection, ou très peu de temps après. Sinon, comment expliquer l'allusion à deux lettres en latin, au contenu secret, dont l'une était déjà écrite (et sans doute envoyée : ἐν τοῖς Ῥωμαϊκοῖς γράμμασι γέγραπται, *Pér.*, 6, 2), tandis que l'autre n'avait pas encore atteint l'Empereur (δηλώσει σοι τὰ Ῥωμαϊκὰ γράμματα, 10, 1)? Composée longtemps après le voyage, cette partie du *Périple* n'aurait sans doute pas comporté cette allusion aux deux lettres confidentielles dont l'intérêt tient à l'actualité. En revanche, on comprend mieux que, contemporain ou presque, par sa rédaction, du voyage, le *Périple* en ait maintenu la mention dans l'ignorance où Arrien était peut-être, au moment de sa composition, de la destinée précise de ce *Périple*.

On observera, d'autre part, que l'inspection entreprise par Arrien ne concerne qu'une partie des côtes de sa province à l'est de Trapézonte [3] ; une région troublée, menacée, où les confins de l'Empire nécessitaient une surveillance et la présence de garnisons et d'ouvrages de défense. L'importance de la charge qui vient d'être confiée

---

probable qu'Arrien ait risqué d'affronter le froid régnant dans ces parages et les très fortes tempêtes qui y sévissent en partant à une date trop précoce ou trop tardive.

3. Le Province de Cappadoce, vers 130 ap. J.-C., commençait à l'est de la Bithynie et comprenait, en bordure du Pont-Euxin, d'ouest en est : le Pont Polémoniaque et le Pont Cappadocien (le Pont Galatique en a été détaché sous Trajan, entre 107 et 113 : cf. Teja, p. 1087 ; Sherk (2), p. 1024-1035). Elle commence à Amisos (Ptol., *Géogr.*, V, 6, 1, p. 866 M.) pour se terminer à Sébastopolis (*Pér.*, 17, 2 ; Ptol., *Géogr.*, V, 6, 6, p. 870, et V, 6, 1). Cf. Müller, *GGM* I, p. CXI, 185 ; Chapot, *Le monde romain*, p. 228-230 ; Mitford (1), p. 1200 ; Syme (2), p. 200-201.

à Arrien [4] et de la mission entreprise dès son arrivée à son poste expliquent que celui-ci, plutôt que de se contenter d'intégrer dans un Périple débutant au Bosphore, comme il serait naturel, les éléments essentiels de son observation au cours de son voyage d'inspection, ait préféré maintenir la forme de la lettre pour cette section. D'où le plan choisi, et notamment la description du reste des côtes de sa province en un autre endroit du *Périple* (15, 1-16, 6).

Il est enfin un passage qui renforce l'hypothèse d'un voyage entrepris dès l'entrée en charge : l'allusion menaçante aux Sannes : ἐξελοῦμεν αὐτούς (11, 1-2). S'il ne s'agissait pas de promettre qu'avec l'arrivée d'un nouveau gouverneur la situation allait changer, il aurait été maladroit d'apprendre à l'Empereur que cette peuplade rebelle a pris depuis longtemps la mauvaise habitude de se soustraire à l'impôt.

Mais est-ce en l'été 131 ou en l'été 132 que ce voyage a eu lieu? On sait qu'Arrien fut, en 129 ou 130, consul suffect avec Severus [5]. Il se peut, en outre, que dans l'intervalle Arrien ait été nommé *Curator operum publicorum* [6]. Si l'on suppose donc qu'il devint gouverneur au plus tôt en 131, ce dut être alors très peu de temps après le passage d'Hadrien dans la région. On estime en effet généralement que l'Empereur fit à cette date un voyage d'inspection le long des frontières de l'Euphrate et qu'il passa aussi à Trapézonte [7].

En fait, rien ne permet de trancher entre 131 ou 132

---

4. καὶ ὅσοι ἡμῶν ἔλαττον ὑπὸ σοῦ εὖ πεπόνθασιν (*Pér.*, 1, 4), est une discrète expression de la reconnaissance d'Arrien.

5. *CIL* XV 244.252; cf. Syme (2), p. 183. Il avait été auparavant Proconsul en Bétique : Stadter, p. 10 et 52; cf. l'inscription de Cordoue : J. et L. Robert, *Bull. Épigr.*, in *REG* (1973), n° 539.

6. Syme (2), p. 200; Stadter, p. 11.

7. Magie, p. 621-622; W. Weber, *Untersuchungen zur Geschichte des Kaisers Hadrianus*, Leipzig, 1907 (Hildesheim, 1973), p. 264-266; Bosworth (1), p. 228, n. 44; Stadter, p. 204, n. 4. Selon d'autres spécialistes, la date de 129 s'accorderait mieux avec le texte de la vie d'Hadrien, *SHA Hadrian.*, 13-14 (cf. Syme (1), p. 275; Braund (2), p. 211 et p. 212, n. 25). La visite d'Hadrien, quelle que soit la date retenue, est récente : les autels avec leur inscription, la statue de l'Empereur montrant la mer et le temple d'Hermès et de Philésios

pour l'entrée en charge d'Arrien comme « légat d'Auguste
propréteur en Cappadoce »[8].

2. — ARRIEN EN CAPPADOCE.

Arrien, grec né entre 85 et 92[9] à Nicomédie, en
Bithynie, avait donc entre trente-neuf et quarante-six ans à
son arrivée en Cappadoce. Il fut maintenu longtemps à son
poste, ce qui est rare et la preuve que l'Empereur fut
satisfait de ses services. Il le quitta, en effet, en 137[10],
donc au bout de cinq ou six ans, alors que la durée
moyenne dans un même poste pour un légat est de trois ou
quatre ans[11]. Issu d'une famille appartenant à l'ordre
équestre, ou peut-être sénatorial[12], et qui occupait un rang
important au plan local[13], Arrien était par sa carrière[14] et

(*Pér.*, 1, 4-2, 2) sont assurément destinés à en perpétuer le souvenir.
C'est peut-être aussi à l'occasion de son passage à Trapézonte
qu'Hadrien décida d'y faire bâtir un λιμήν (*Pér.*, 16, 6).

8. Titre qui lui a été donné sur l'inscription trouvée à Corinthe :
cf. J. et L. Robert, *Bull. Épigr.*, in *REG* (1968), n° 253 (voir Vidal-
Naquet, p. 317 et n.). Aucune certitude n'existe concernant la charge
de *Curator* qu'aurait assumée Arrien. Certains supposent que ce
dernier aurait pris son poste en 131 et accompli son voyage
d'inspection en 132, mais ce n'est, là encore, qu'une hypothèse (cf.
Speidel, p. 657 ; Bosworth (4), p. 227-228, 230, 242), et, nous l'avons
vu, peu vraisemblable.

9. Cf. Vidal-Naquet, p. 313. Les témoignages sur la vie d'Arrien
ont été réunis par F. Jacoby, *FGrH* 156 (II b 873-883, II d 548-551).

10. Cf. l'inscription de Sébastopolis (ville du Pont Galatique) datée
de 137 : *ILS* 8801 = Roos (2), T. 17; voir Syme (2), p. 200. Une
autre inscription (*ILS* 1066 = Roos (2), T. 11) signale la présence en
Cappadoce de son successeur, L. Burbuleius Optatus Ligarianus,
avant le décès d'Hadrien, survenu en juillet 138; cf. Syme, *ibid.* Voir
encore l'inscription de Corinthe (Bowersock, *A New Inscription of
Arrian*, in *GRBS* 8 (1967), p. 279 sq.), et la restauration par J. et
L. Robert, *Bull. Épigr.* (1968), n° 253.

11. Stadter, p. 11.

12. Cf. Vidal-Naquet, p. 314.

13. Cf. Stadter, p. 14. La citoyenneté romaine fut octroyée soit au
grand-père, soit au père d'Arrien (Stadter, p. 6; Vidal-Naquet,
p. 314).

14. Il avait été Préteur et Proconsul en Bétique (Vidal-Naquet,
p. 311).

la charge qu'il occupait, par les amitiés aussi qu'il avait su se ménager [15] un personnage important. Mais sa réussite n'est pas sans exemple parmi les élites orientales (grecques essentiellement) depuis la fin du Ier s. ap. J.-C. [16]. Ce qui reste sans exemple jusqu'au IIIe s., c'est qu'on ait confié à un Grec la charge d'une province exposée et le commandement de deux légions, de troupes auxiliaires et de la *Classis Pontica* [17]. Arrien avait, pour pouvoir tenir ce poste, l'expérience militaire requise et il est possible qu'il ait déjà commandé une légion auparavant [18].

3. — LA PROVINCE DE CAPPADOCE [19].

Devenue province romaine en 18 de notre ère, la Cappadoce a, jusqu'en 70, à sa tête un procurateur [20]. Vespasien lui substitua un légat consulaire avec deux légions [21]. La province, dans l'extension qu'elle avait sous Hadrien, ne date que de 76, Vespasien ayant adjoint à la Cappadoce proprement dite la Galatie et le Pont, ainsi que la Petite Arménie [22]. C'était donc une province sans unité

15. En particulier celle de C. Auidius Nigrinus, légat propréteur de la province d'Achaïe (Vidal-Naquet, p. 316).

16. Vidal-Naquet, p. 314 et n. 3.

17. Pelham, p. 625 ; Vidal-Naquet, p. 319 ; Bosworth (2), p. 171.

18. Stadter, p. 6 ; Vidal-Naquet, p. 316.

19. Sur la Cappadoce en tant que région naturelle et ses limites, cf. Strab., XII, 1, 1. Voir Pekary, p. 655-656. Pour la bibliogr. : Teja, p. 1083-1084.

20. Imposé par Rome dès l'époque du dernier roi de Cappadoce, Archélaos (Dion Cass., LVII, 17). Le procurateur de la nouvelle Province pouvait faire appel, en cas de besoin, aux troupes du Gouverneur de Syrie (Tac., *Ann.*, II, 42, 56 ; XII, 49).

21. Cf. Chapot (2), p. 7 ; F. Cumont, *The Frontier Provinces of the East*, in *CAH* XI (1936), p. 609-613 ; R. K. Sherk, *Roman Galatia : The Governors from 25 B.C. to A.D. 114*, in *ANRW* (1980), II, 7, 2, p. 996. Sur le problème des frontières de l'est en général, cf. French, Lightfoot.

22. Voir Dąbrowa (1), p. 379 ; Kienast, p. 113. Pour la Petite Arménie, cf. Strab., XII, 3, 28-29 ; voir Lasserre, éd. de Strab., *CUF*, liv. XII, p. 187-188, *s.v.*, et Sherk, *op. cit.*, p. 997-998. Sur l'extension de la Province sous Hadrien, cf. n. 3.

géographique ni ethnique. Elle occupait une position importante permettant aux troupes du Gouverneur de surveiller la partie septentrionale du *limes* en bordure de l'Euphrate, depuis le sud de la province jusqu'à la mer Noire [23]. Parmi les légats, prédécesseurs immédiats d'Arrien, nous sont parvenus les noms de : C. Bruttius Praesens (121-124), L. (?) Statorius Secundus (127-128) et T. Prifernius Paetus Rosianus Geminus (129) [24].

Jusqu'en 69 ap. J.-C., les Gouverneurs des provinces d'Asie Mineure (Cappadoce, Syrie) ne disposaient pas de légions [25], alors que déjà l'Arménie, sous l'influence des Parthes, constituait une menace sérieuse pour ces provinces [26]. Une des premières mesures prises par Vespasien fut, comme on l'a vu, d'en finir avec l'indépendance des États vassaux en les incorporant dans la Province de Cappadoce. Puis furent installées par Titus à Mélitène la XIIe *Fulminata* et à Satala la XVe *Flauia Firma*, chargées ainsi de surveiller les frontières de l'Euphrate [27]. On doit aussi dater de la même époque la constitution de la route stratégique Trapézonte — Satala — Mélitène — Samosate — Antioche. On voit donc quelle est, de ce point de vue, l'importance de Trapézonte [28].

4. — TRAPÉZONTE ET LA *CLASSIS PONTICA*.

Par sa position Trapézonte pouvait exercer une surveillance sur tout l'angle sud-est du Pont-Euxin [29] et un contrôle sur le col de Zigana permettant d'accéder à l'Arménie [30]. On sait, d'autre part, que c'est en particulier

---

23. Cf. Bosworth (3), p. 72.
24. Cf. Syme (2), p. 201-202 ; Mitford (1), p. 1200.
25. Sur ces *inermes legati*, cf. Bosworth (3), p. 64-65.
26. Cf. Kienast, p. 113 ; Dąbrowa (1), p. 379.
27. La présence de la légion *Flauia Firma* date probablement de l'annexion de la Petite Arménie (voir n. 22) ; cf. Bosworth (3), p. 66 ; Dąbrowa (1), p. 381-383.
28. Cf. Kienast, p. 115.
29. Cf. Mitford (1), p. 1187.
30. Tacite, *Ann.*, XIII, 39 ; *Itin. Anton.*, 216, 4 Cuntz.

en ce point de la côte sud de l'Euxin qu'abordaient les cargos venant de la péninsule Taurique (la Crimée), spécialement de Chersonnèsos, chargés du blé nécessaire à l'approvisionnement des légions stationnées en Asie [31].

L'importance stratégique de Trapézonte explique que son port soit sans doute devenu, en 64 ap. J.-C., le point d'attache principal de la *Classis Pontica* [32]. Certains en doutent [33], observant que, à en croire Arrien [34], cette ville n'abritait, à son arrivée, qu'un simple mouillage pour la belle saison. Il est possible que Trapézonte ait partagé, avec Sinope et Amastris, l'honneur d'accueillir la flotte de guerre, au moins à partir du règne de Trajan [35].

Cette flotte se composait d'une quarantaine de bateaux, essentiellement des *liburnae* [36], avec une trière amirale [37]. Elle comportait un effectif inférieur à celui d'une légion [38], y compris une cohorte d'auxiliaires [39]. Une des tâches principales de cette flotte devait être de surveiller les côtes, en particulier dans les régions « sensibles », au-delà de Trapézonte jusqu'à Dioscurias [40]. On s'explique ainsi qu'Arrien ait eu pour première tâche, dès son arrivée,

31. Tac., *ibid.*; cf. Maximova, p. 103.

32. Cf. Tac., *Hist.*, III, 47-48; voir Kienast, p. 116. À en croire Flav. Josèphe, *Ant. Iud.*, XVI, 16 sqq., et Dion Cass., LIV, 24 (cf. Kienast, p. 106), Sinope abritait, dès 14 ap. J.-C., une flottille sous les ordres du Procurateur de Bithynie. De plus, Polémon II (détrôné en 63 ap. J.-C.), roi du Pont, avait à sa disposition une petite flotte qui fut le point de départ de la *Classis Pontica*.

33. Chapot (2), p. 145.

34. *Pér.*, 16, 6.

35. Cf. J. Moreau, *Sur une inscription de Sinope*, in : *Limes-Studien. Vorträge des 3. Internationalen Limes-Kongresses in Rheinfelden-Basel 1957. Schriften des Instituts für Ur- und Frühgeschichte der Schweiz* XIV, Bâle, 1959, p. 84-85 (cité par Reddé, p. 258-259).

36. Flav. Josèphe, *Bell. Iud.*, II, 16, 4; Tac., *Hist.*, III, 47. La flotte était, au début, sous l'autorité d'un préfet de rang équestre.

37. Arrien, *Pér.*, 4, 4; voir Kienast, p. 114-116.

38. Cf. Starr, p. 127-128.

39. Cf. Mitford (2), p. 162-164.

40. C'est par ce *Périple*, en grande partie, que nous connaissons le dispositif militaire le long de cette côte : Hyssou limen, Athenai, Phasis, Sébastopolis. Cf. Reddé, p. 258-259.

notamment l'inspection minutieuse des ouvrages de défense et des troupes stationnées le long de cette côte, et qu'il se soit montré soucieux de resserrer les liens avec les roitelets du Caucasse, vassaux de Rome [41].

Mais y avait-il des troupes stationnées à Trapézonte ? Il n'est fait aucune mention d'une garnison dans le *Périple* et il est bien peu vraisemblable que, s'il s'en était trouvé une, Arrien eût omis d'en parler [42]. Il est fait mention, cependant, sur une inscription [43], de détachements (*uexillationes*) de vétérans des deux légions de Cappadoce [44]. Ces détachements ont pu être installés postérieurement [45], la flotte suffisant, au temps d'Arrien, à la protection de la ville [46].

5. — LES FORTS CÔTIERS.

Le *Périple* en énumère quatre. Bien que les distances qui les séparent soient très différentes, ils constituent d'après la description, et compte tenu des arrêts à Athènes et au Chôbos, chacun une étape dans la navigation de la flottille d'Arrien :

Première étape : Trapézonte — Hyssou limen (1, 1/3, 1) : 180 stades.

Deuxième étape : Hyssou lìmen — Athènes (étape forcée ; à Athènes, une forteresse abandonnée) : 3, 2/3, 4 (540 stades).

---

41. *Pér.*, 11, 1-3 ; voir Eutrope, VIII, 3 ; Dion Cass., LXVIII, 18, 3. Cf. Kienast, p. 116.

42. On a du mal à croire Bosworth ((3), p. 71, n. 58), qui suppose qu'Arrien, préoccupé par les tâches édilitaires qu'Hadrien lui avait confiées, en aurait oublié de mentionner l'existence d'une garnison dans cette ville.

43. *CIL* III 6745.

44. Cf. Bosworth, *ibid.* ; Chapot (2), p. 364-365.

45. Cf. Mitford (2), p. 164, n. 21.

46. Mitford, *ibid.* Au temps où les Alains menacèrent la Cappadoce (135/136), Arrien ne disposait à Trapézonte que de troupes légères (hoplites et γυμνῆτες) : *Exped. c. Al.*, 7 et 14.

Troisième étape : Athènes — Apsaros (6, 1) : 280 stades.

Quatrième étape : Apsaros — Phasis (7, 4/8, 1) : 450 stades.

Cinquième étape : Phasis — Chôbos ; visite d'inspection qui donne lieu à un rapport en latin ; aucun fort n'est signalé en cet endroit (10, 1) : 180 stades.

Sixième étape : Chôbos — Sébastopolis (10, 2/10, 4) : 630 stades.

Quelle que soit la solution apportée aux problèmes posés par les distances données dans le *Périple*, on ne saurait parler d'un *limes* pontique [47] à propos de ces forts, beaucoup trop espacés les uns des autres pour constituer une ligne de défense efficace [48]. D'autre part, on peut se poser avec M. Reddé [49] la question de savoir « de quel côté est tourné le système : vers la terre, peuplée de tribus mal soumises [...]; ou vers la mer, dominée par la flotte romaine, mais ouverte à des peuples non romains, parfois hostiles et capables de se livrer à des opérations de pillage. » L'existence d'une flotte pouvant patrouiller entre Trapézonte et Dioscurias et trouver des lieux de relâche dans les ports du littoral, et principalement là où étaient implantées des garnisons romaines pouvait, avec ces garnisons, constituer à l'occasion un moyen de repousser des attaques venant tant de la mer (pirates) que de l'intérieur des terres (notamment, raids de peuplades caucasiennes) [50]. Les Alains, nomadisant entre Don et Caucase, avaient déjà, en 72 ap. J.-C., dévasté l'Arménie [51], et, en 75, attaqué les Parthes [52], sans s'en prendre à l'Empire romain [53]. D'autre part, si l'on se réfère au

47. Levkinadze, p. 75 ; Mitford (1), p. 1192 ; Speidel, p. 657.
48. Cf. Reddé, p. 441-442.
49. Reddé, *ibid.* Selon Speidel (p. 657), le système était tourné à la fois vers la terre et vers la mer.
50. Cf. Suétone, *Vesp.*, 8 (et aussi Tac., *Ann.*, XIII, 49, 1).
51. Cf. Flav. Josèphe, *Bell. Iud.*, VII, 7, 4.
52. Suét., *Dom.*, 2 ; Dion Cass., LXV, 15, 3. Cf. Bosworth (3), p. 68-69.
53. En 135 ou 136, les Alains attaquèrent l'Albanie et la Médie

passage du *Périple* (11, 2) où Arrien menace de destruc-
tion les Sannes rebelles au cas où ils refuseraient de se
soumettre au tribut, on ne peut sérieusement estimer que
ces forces considérables massées par Rome dans les
différentes garnisons de la région l'avaient été en vue de
lutter contre ces peuplades semi-barbares, qui ne consti-
tuaient nullement une menace sérieuse pour l'Empire [54].

De tout autre nature était la menace que représentaient
les Parthes, contre lesquels le *limes* anatolien formait une
défense que le dispositif militaire côtier pouvait renforcer
du côté du nord. On s'explique ainsi les relations de
« suzerain » à « vassal » qu'entretenait Rome avec le roi
d'Ibérie et l'ensemble des roitelets à la tête des peuplades
caucasiennes de la région, plus ou moins soumises à ce
dernier [55]. L'importance de la présence directe ou indirecte

(Dion Cass., LXIX, 15, 1) et menacèrent un moment la Cappadoce,
sans qu'Arrien ait eu à intervenir au-delà des frontières : Bosworth
(1), p. 228 ; E. Dąbrowa, *La politique de l'État parthe à l'égard de
Rome, d'Artaban II à Vologèse I (ca. 11-ca. 79 de notre ère) et les
facteurs qui la conditionnent*, Kraków, 1983.

54. Il est probable, cependant, que l'une ou l'autre de ces
garnisons a dû, à un moment ou à un autre, lutter contre des
rébellions localisées, et être, au besoin, renforcée en fonction de
l'importance de l'adversaire. C'est ainsi, peut-être, qu'on peut
expliquer la présence (momentanée ?) d'importantes forces à Apsaros
(*Pér.*, 6, 1 : cinq cohortes ; cf. Braund (2), p. 216). Elles devaient être
destinées, non pas à lutter contre Pharasmanès (voir plus loin), mais
plutôt contre les Sannes (*Pér.*, 11, 1-2 ; une inscription, qui ne peut
être malheureusement datée avec certitude, fait allusion à l'existence
de *numeri* basés à Apsaros : *ILS* 2660 ; cf. Braund (2), p. 216-217),
qu'Arrien assimile aux Drilles, contre lesquels Xénophon eut à lutter.
Syme (1), p. 276, suppose sans nécessité que le silence d'Arrien
concernant les Colchidiens serait le signe de difficultés avec ce peuple.
Les troupes massées à Apsaros seraient en conséquence une mesure
préventive. Outre que rien ne permet de supposer un tel état de
tension, le nom de Colchidiens (cité par Arrien à propos de Xénophon
et de façon d'ailleurs erronée, *Pér.*, 11, 1) est, comme l'observe
Braund ((2), p. 217, n. 49), communément remplacé au IIe s. par
celui de Lazoi (*Pér.*, 11, 2-3), ou d'Héniochoi (*Pér.*, 11, 2).

55. Cf. Dąbrowa (1), p. 387 et n. 60. Il semble bien que la brouille
entre Hadrien et le roi d'Ibérie, Pharasmanès, consécutive au voyage
de l'Empereur dans la région (cf. n. 7), n'ait été que passagère et, de
plus, très exagérée (cf. *SHA Vit. Hadr.*, 13, 8-9 ; 17, 10-12 et 21-13 ;

de Rome dans cette région se manifeste encore par l'existence, attestée par des inscriptions, de troupes romaines en Transcaucasie [56]. On adoptera donc les conclusions de M. Reddé définissant le « système pontique » comme « une route stratégique fortifiée en même temps qu'un système de points d'appui pour la navigation comme l'atteste le « Périple » d'Arrien, une ligne de comptoirs commerciaux sans profondeur territoriale, et un foyer de romanisation. Certes, la défense globale des côtes du Pont-Euxin, particulièrement celle du Pont Polémoniaque, s'appuie sur ce *limes*, dans la mesure où il contrôle une partie du littoral, offre des relais à la flotte, et interdit le passage à des bandes pirates. Il est clair, toutefois, qu'il s'agit là d'un système bien particulier, unique, apparemment, dans le monde romain, dans lequel la présence navale joue un rôle considérable, à la différence du système de Cumberland [57]. »

6. — LA COMPOSITION DU *PÉRIPLE* ET LES PROBLÈMES DE L'AUTHENTICITÉ.

Les doutes longtemps entretenus sur l'authenticité de ce *Périple* [58] ont leur source dans le plan adopté par Arrien.

voir Braund (2), p. 211-215). Il n'en reste, semble-t-il, aucune trace lors de la visite d'inspection d'Arrien, qui ne cite le roi qu'à propos des Zydrites qui lui sont soumis, sans autre commentaire (11, 2). De plus, Apsaros ne serait certainement pas le meilleur point de la côte pour une éventuelle intervention contre Pharasmanès (contrairement à l'opinion de Bosworth (1), p. 228, et de Speidel, p. 657). Pour cela Phasis serait beaucoup mieux placée (cf. Braund (2), p. 216).

56. *IGRR* III, 133 : troupes en Ibérie à partir de 75 ap. J.-C. ; de même *AE*, 1947, n° 125 et 1950, n° 96 ; voir Stadter, p. 204, n. 7.

57. Reddé, p. 443.

58. On ne doute plus guère de cette authenticité de nos jours ; cf. Reuss ; Patsch ; Rostovtseff (3), p. 62-63 ; Roos (1), qui inclut cet opuscule parmi les *scripta minora* d'Arrien ; Baschmakoff, p. 15 sqq. ; Güngerich, *Die Küstenbeschreibung in der griechischen Literatur, Orbis ant.* 4, Münster (1950), p. 20 ; Marenghi (1), p. 9-23 ; Tonnet, p. 43-47 ; Pippidi, p. 265 ; Danoff, col. 916-917 ; Bosworth (4), p. 226-227 et 242-253 ; etc. Parmi ceux qui en doutent, on peut

Si celui-ci se justifie, il ne laisse pas, néanmoins, d'être bizarre. Ces doutes se sont trouvés renforcés par l'existence d'un *Périple du Pont-Euxin*, dû à un auteur anonyme d'époque byzantine (deuxième moitié du vɪᵉ s. au plus tôt) qui s'inspire largement de celui d'Arrien et qui, notamment, reproduit la lettre à Hadrien [59]. Certains n'ont voulu voir dans cette source de l'Anonyme byzantin que l'œuvre d'un faussaire postérieur au ɪɪᵉ s. ap. J.-C.

Sans reprendre dans le détail les discussions qui ont longtemps occupé les érudits et qui semblent maintenant dépassées, nous nous proposons de revenir sur quelques points essentiels de la controverse. Il est cependant nécessaire de résumer brièvement l'ouvrage pour en faire ressortir l'étrange plan et le justifier [60].

a) *La composition.*

Ce *Périple* commence en fait par une lettre adressée à l'Empereur Hadrien pour lui rendre compte du voyage d'inspection effectué entre Trapézonte et Dioscurias, région dont l'auteur décrit les côtes (§ 1-11 ; cette portion des côtes de l'Euxin forme, dans l'ordre où devrait se faire la description, la section B). Cette lettre, qui occupe plus du tiers du *Périple*, est suivie, sans transition, de la description sous forme de Périple de la portion allant du Bosphore thrace à Trapézonte par laquelle débute normalement toute description de ce genre ἐν δεξιᾷ τοῦ Πόντου (§ 12-16 ; section A). Le paragraphe 17 forme transition et, non sans lourdeur et maladresse, reprend le calcul de la distance entre Trapézonte et Dioscurias, déjà donné en 10, 4 (§ 17, 1), avant de justifier par la mort de Cotys et le désir de renseigner Hadrien (§ 17, 2-3) la description de la section allant de Dioscurias au Bosphore cimmérien (section C). Celle-ci débute bien au paragraphe 18, mais n'est pas nettement séparée de la section suivante allant du

---

citer principalement : Brandis ; Kiessling, col. 259-280 ; Minns, p. 24 et 558 sq. ; Chapot (1).
59. Cf. Diller. Voir plus loin.
60. Cf. Silberman (1).

Bosphore cimmérien au Bosphore thrace. En effet, le § 19 comporte, outre l'évocation de Panticapée, celle du Tanaïs dans son rôle de limite entre l'Asie et l'Europe, du Palus Méotide, ainsi que des villes côtières de la Crimée. La dernière partie de cette section (§ 20-25), tout en conservant le caractère d'un Périple, est de beaucoup la plus succincte, une bonne part en étant, de plus, consacrée à l'évocation d'une légende ayant trait à l'îlot de Leukè (§ 21-23).

On sait que tout Périple de l'Euxin [61] commence au Bosphore, vers la droite (ἐν δεξιᾷ) ou la gauche (ἐν ἀριστερᾷ), comme le ferait un navire longeant les côtes [62]. Le Bosphore, d'autre part, marque de tout temps pour les géographes une des limites les plus évidentes entre l'Europe et l'Asie [63]. La logique et la tradition faisaient donc à Arrien un devoir de commencer au Bosphore son *Périple*. S'il ne l'a pas fait, c'est qu'une nécessité plus forte le contraignait : la lettre à Hadrien. Celle-ci ne pouvait occuper d'autre place dans l'opuscule que la première : à toute autre elle serait apparue plus encore comme un corps

---

61. Outre celui d'Arrien et de l'Anonyme, subsistent : celui du Ps.-Scylax, dont une partie concerne la mer Noire (Müller, *GGM* I, § 67-92, p. 56-68 ; Périple ἐν ἀριστερᾷ τοῦ Πόντου ; cf. Gisinger, *RE* III A I (1927), *s.v.* « Skylax », col. 635-646) ; celui de Ménippe de Pergame, maintenant perdu, mais utilisé par Marcien d'Héraclée (cf. éd. Diller ; et Müller, *GGM* I, p. 568-572). Sur le Périple comme genre littéraire, cf. Güngerich, *op. cit.*, n. 58, et Gisinger, *RE* XIV 1 (1937), *s.v.* « Periplus » (2), col. 841-850.

62. C'est aussi de cette façon que procèdent tous les géographes décrivant ces côtes : Strab., IX, 2, 21 ; Pomp. Méla, I, 102 sq. ; Pline l'Ancien, IV, 75 sqq. Ptolémée fait exception. Cf. à propos du sanctuaire de Zeus Ourios, à l'entrée du Bosphore : τοῦτο τὸ χωρίον ἀφετήριόν ἐστι τῶν εἰς τὸν Πόντον πλεόντων (Marc. d'Héraclée, *Épitomé du Périple de Ménippe*, Müller, *GGM* I, p. 569). La « métathèse » proposée par Patsch (p. 69) qui, supposant que, à la suite de l'erreur d'un copiste, la portion du *Périple* allant du Bosphore thrace à Trapézonte s'était trouvée déplacée, proposait de la remettre à sa place (c'est-à-dire à la suite de la portion Bosphore cimmérien — Bosphore thrace), est tout à fait inacceptable. Jamais un Périple n'a pu présenter un tel aspect.

63. Cf. par ex. : Méla, I, 101 ; Pline, IV, 75.

étranger, y compris à celle que, dans un Périple, l'évocation des côtes qu'elle contient devrait occuper.

Plutôt que de reprocher à ce *Périple* la maladresse de sa
composition, pourquoi, au fond, ne pas le prendre tel qu'il
se présente : le compte rendu de son voyage d'inspection
fait par le nouveau légat d'Hadrien en Cappadoce, écrivain
connu [64] et familier de l'Empereur? Cette lettre aurait
donné à son auteur l'idée de lui greffer un Périple complet
de l'Euxin. Peu orthodoxe dès son point de départ, ce
Périple s'autorise, en cours de route, des développements
qui n'appartiennent pas non plus au genre : allusions
mythologiques nombreuses (en particulier à propos du
Phase et de l'île de Leukè), citations d'auteurs anciens et
discussion d'un problème de géographie générale à propos
du Tanaïs. L'histoire aussi est bien présente; si la
transition entre le lettre et la partie qui lui fait suite
n'apparaît pas, ou n'apparaît que sous une forme très
désinvolte (§ 12 : ταῦτα μὲν εἰδότι σοι λέγω), la troisième
section est justifiée et annoncée par la mort de Cotys (17,
3), cependant que l'absence de toute transition véritable [65]
caractérise le passage de cette section à la dernière.

Le « nouveau Xénophon », qui ne néglige pas, ici ou là,
quelques coquetteries de lettré ni quelques manifestations
de courtisanerie, loin d'avoir péché par maladresse, a

64. L'*Anabase* d'Arrien, qui est peut-être postérieure au *Périple*
(cf. Vidal-Naquet, p. 320-322), comporte cette fière déclaration, sans
ambiguïté sur l'idée qu'Arrien se faisait lui-même de sa place et de
son talent : « Je ne me crois pas indigne de faire connaître aux
hommes la geste d'Alexandre. Qui que je sois pour porter ce
jugement sur moi-même, je n'ai aucun besoin d'inscrire mon nom, car
il est loin d'être ignoré des hommes, ni de dire quelle est ma patrie,
ma famille et mes magistratures. Fort de cela, je ne m'estime pas
indigne des plus grands écrivains grecs puisque, aussi bien, j'écris sur
Alexandre, qui compte parmi les plus grands capitaines. » (*Anab.*, I,
12, 4-5, trad. P. Savinel).
65. La brève évocation d'un problème de géographie générale,
appuyée sur une citation d'Eschyle (19, 1-2), joue cependant un rôle
d'articulation. Quant à la justification, il n'en est plus besoin à ce
stade, où il s'agit de terminer un Périple dont les trois quarts sont
déjà décrits.

cherché à imprimer sa marque sur ce genre séculaire et figé [66].

b) *Le problème de l'authenticité.*

Les doutes sur l'authenticité de l'opuscule sont nés de la bizarrerie du plan et du caractère composite de l'ouvrage. L'article réquisitoire de Brandis fournit l'essentiel des points discutés depuis. Nous nous contenterons ici d'évoquer les plus importants d'entre eux et les solutions auxquelles se rallient maintenant la plupart des érudits [67].

La compilation, d'ailleurs très intéressante, de l'Anonyme byzantin [68] nous rappelle qu'il était de pratique courante, dans l'Antiquité, d'utilser largement, sans en citer la plupart du temps les auteurs, des sources antérieures [69]. Mais le *Périple* de l'Anonyme se révèle rapidement comme étant une compilation d'époque tardive qui ne saurait être datée de 130 ap. J.-C., et donc attribuée à Arrien [70]. Il en va tout autrement de l'opuscule de ce dernier.

---

66. Le contraste entre la lettre et le reste du *Périple* n'avait pas échappé à l'auteur du titre (qui n'est pas Arrien) qui figure dans le *Cod. Palat.* 398 : Ἀρριανοῦ ἐπιστολὴ πρὸς Τραϊανόν· ἐν ᾗ καὶ περίπλους Εὐξείνου Πόντου. Toutefois, le *Périple* comporte, ainsi que le remarque Reuss (p. 372-375), comme un écho à la lettre, des expressions qui rappellent qu'Arrien s'adresse à Hadrien : 12, 3 : ταῦτά σοι εἰδότι λέγω (ce qui est sans doute une allusion au dernier voyage fait par l'Empereur dans cette région); 16, 6 : ἐνταῦθα (= à Trapézonte) σὺ ποιεῖς λιμένα; 17, 3 : ἐπεὶ δὲ ἐπυθόμην Κότυν τετελευτηκέναι... ἐπιμελὲς ἐποιησάμην... δηλῶσαί σοι ὡς εἴ τι βουλεύοιο περὶ τοῦ Βοσπόρου, ὑπάρχειν σοι καὶ τόνδε τὸν πλοῦν μὴ ἀγνοοῦντι βουλεύσασθαι; 18, 3 (à propos de Stachemphax) : καὶ οὗτος παρὰ σοῦ τὴν βασιλείαν ἔσχεν; 23, 3-4 (à propos d'Achille et de Patrocle, une allusion à l'amitié qui liait Hadrien au bel Antinoüs, mort en 130) : ἀνέγραψα... καί μοι δοκεῖ... πείθομαι (et toute la fin du passage).

67. La quasi totalité des arguments en faveur de l'authenticité figure dans les deux articles de Reuss et de Roos.

68. Cf. Diller, en particulier p. 1-2 et 102-117, ainsi que le commentaire p. 118-146.

69. Cf. Marenghi (1), p. 9-10.

70. Sur l'emploi par l'Anonyme du *Périple* d'Arrien (y compris la

Étienne de Byzance fait référence à Arrien à propos de trois noms (figurant, il est vrai, dans la lettre à Hadrien, dont l'authenticité n'a jamais été mise sérieusement en doute) ; il s'agit de : Ἀθῆναι (*Pér.*, 3, 4), Τύανα (6, 4), Λαζοί (11, 2) [71]. Pour Ἀψίλαι, qui figure aussi dans la lettre (11, 3), Ét. de Byzance écrit : ἔθνος Σκυθικόν, γειτνιάζον Λαζοῖς, ὡς Ἀρριανὸς ἐν Περίπλῳ τοῦ Εὐξείνου Πόντου. Témoignage capital, qui prouve que, du temps du lexicographe (VIᵉ s.), existait bien un *Périple* attribué à Arrien et que la lettre à Hadrien en faisait partie [72].

Pour la section Bosphore thrace — Trapézonte, Ét. de Byzance renvoie à Arrien (sans faire toutefois référence explicite au *Périple*) à propos de deux toponymes : Κοτύωρα (16, 3) [73], et Ἀλμήνη, alors que le *Périple* porte Ἀρμένη (14, 4). Qu'il s'agisse d'une référence tirée du *Périple*, ou d'une œuvre perdue d'Arrien [74], Ἀλμήνη présente une variation orthographique banale, comme il y en a tant entre le texte d'Arrien et celui de l'Anonyme, même dans les passages de l'Anonyme qui s'inspirent de très près d'Arrien. En tout cas, cela ne saurait être considéré comme une preuve contre l'authenticité [75]. Ἰστρία enfin, figurant dans le *Périple* d'Arrien (24, 2), est mentionné sous le nom de ce dernier, mais sans référence explicite au *Périple*, par Ét. de Byzance, *s.v.* Ἰστρός · Ἀρριανὸς δὲ Ἰστρίαν ὡς Ὀλβίαν αὐτήν φησιν. Sans exclure que ce toponyme puisse avoir figuré dans une œuvre perdue d'Arrien, ce serait pousser bien loin le scrupule

---

lettre à Hadrien), ainsi que sur les éléments du *Périple* de l'Anonyme qui en font une œuvre d'époque byzantine, cf. Diller.

71. Cf. Reuss p, 369 sq. La formule employée à chaque fois par Ét. de Byzance est : ὡς Ἀρριανός.

72. Un doute subsiste, il est vrai (cf. Brandis, p. 151) : ce *Périple* d'Arrien dont parle Ét. de Byzance peut être celui de l'Anonyme.

73. Ét. de Byzance., ὡς Ἀρριανός.

74. Roos (2), p. 125, pense que ce nom figurait dans un passage perdu des *Bithynica* ; Müller, *GGM* I, p. 388, y voit une corruption ou une variante de Ἀρμένη.

75. Cf. Chapot (1), *ibid.*

critique que de refuser de voir là une possible référence du lexicographe byzantin au *Périple* d'Arrien [76].

Procope, qui ne mentionne qu'une fois le nom d'Arrien [77], connaissait très probablement son *Périple*, dont il semble avoir utilisé sept passages dans son œuvre [78]. Quatre d'entre eux figurent dans la lettre à Hadrien [79]. Deux autres, concernant les limites de l'Empire, peuvent encore avoir été tirés de la seule lecture de la lettre à Hadrien [80]. Pour la citation d'Eschyle (Arrien, 19, 2), la référence de Procope (VIII, 6, 15) à la même œuvre

76. L'allusion de Léon Diacre (IX, 6, p. 150, Bonn.), auteur du XIᵉ s., au *Périple* d'Arrien renvoie malheureusement à un passage qui n'y figure pas : 'Αρριανὸς γάρ φησιν ἐν τῷ Περίπλῳ, Σκύθην Ἀχιλλέα τὸν Πηλέως πεφηνέναι, ἐκ τῆς Μυρμηκιῶνος καλουμένης πολίχνης, παρὰ τὴν Μαιῶτιν λίμνην κειμένης κ.τ.λ. Selon Diller (p. 7, n. 29), L. Diacre aurait trouvé des éléments de son histoire dans l'Anonyme ; cf. aussi Müller, *GGM* I, p. CXIV, et Roos (1), p. 116-117.
77. Procope, *B.G.*, VIII, 14, 48 (ταῦτα μὲν 'Αριανὸς (sic) οὕτως ἱστόρησεν), mais dans un passage à quoi rien ne correspond dans ce qui nous est parvenu de l'œuvre d'Arrien.
78. Cf. Reuss, p. 370 ; voir aussi J. Jung, *Geographisch-historisches bei Procopius von Caesarea*, in : *Wiener Stud.*, 5 (1883). p. 92 et 99-100.
79. À propos de *Athenae* (*Pér.*, 4, 1 ; Procope, VIII, 2, 10) ; *Apsaros* (*Pér.*, 6, 2-3 ; Procope, VIII, 2, 11-14) ; le territoire des Colchidiens (*Pér.*, 11, 1 ; Procope, VIII, 1, 8-10) ; le lieu où Prométhée fut enchaîné (*Pér.*, 11, 5 ; Procope, VIII, 1, 12-13). Voir le point de vue de Pekkanen, p. 49, selon lequel Procope doit avoir consulté directement ou indirectement le *Périple*.
80. Jung, p. 100, renvoie à Arrien, 17, 2 pour Procope, VIII, 2, 16 et VIII, 4, 5. Pekkanen (p. 46-47) pense que la lecture de Procope n'est pas allée au-delà de la lettre (ce qui lui fournit un argument de plus pour étayer ses doutes sur l'authenticité du reste du *Périple*). Les deux passages de Procope sont les suivants : VIII, 2, 16 : λέγουσι μὲν οὖν ὡς κατὰ τοὺς Τραϊανοῦ τοῦ 'Ρωμαίων αὐτοκράτορος χρόνους κατάλογοι 'Ρωμαίων στρατιωτῶν ἐνταῦθά τε καὶ μέχρι ἐς Λαζοὺς καὶ Σαγίδας [= Σανίγας; cf. Pekkanen, p. 47, n. 23] ἵδρυντο ; Procope, VIII, 4, 5 : τὰ μὲν γὰρ πρότερα κατάλογοι 'Ρωμαίων στρατιωτῶν τὰ ἐπὶ τῆς ἀκτῆς πάντα χωρία ἐκ τῶν Τραπεζοῦντος ὁρίων ἄχρι ἐς τοὺς Σαγίνας εἶχον, ᾗπέρ μοι εἴρηται. Nous accorderons également à Pekkanen que la référence faite par Roos (1), p. 110, à Procope, VIII, 4, 3, à propos des Ζιλχοί ne prouve pas grand-chose et ne saurait, en tout état de cause, servir à appuyer la thèse de l'authenticité (cf. n. 191 de cette édit.).

comporte un détail supplémentaire qui ne figure pas dans Arrien (cf. notes complémentaire : n. 204) : Αἰσχύλος ἐν Προμηθεῖ τῷ Λυομένῳ εὐθὺς ἀρχόμενος τῆς τραγῳδίας... Sans exclure que Procope ait pu, sans connaître cette partie du *Périple*, disposer de l'œuvre d'Eschyle (maintenant perdue et dont la citation d'Arrien est la seule qui nous soit parvenue de cette partie du *Prométhée délivré*) on peut penser que Procope a simplement complété Arrien sur ce point [81].

Au terme de cet examen rapide, il est clair qu'aucun témoignage irréfutable n'existe permettant d'affirmer qu'on connaissait, à époque ancienne, en dehors de la lettre à Arrien, l'existence d'un *Périple* complet de l'Euxin attribué à ce dernier. Toutefois, le poids des présomptions en faveur de l'existence d'un tel *Périple*, et le *Périple* de l'Anonyme tout particulièrement, qui puise si largement dans notre auteur (dont il se réclame par le titre même de son opuscule), font qu'on ne saurait sérieusement douter que le *Périple* en question soit bien l'œuvre d'Arrien.

7. — LES ORNEMENTS LITTÉRAIRES.

Nous avons déjà vu quelques éléments de style donnant à cette œuvre, malgré son étrange composition, une unité certaine [82]. Une étude plus poussée va nous permettre d'en trouver d'autres.

Si sa tonalité d'ensemble, y compris dans de larges passages de la lettre à Hadrien [83], est indéniablement celle

---

81. Cf. Jung, p. 99 ; J. Haury, *Procopii Caesariensis opera omnia*, Leipzig, Teubner, p. XXI-XXII ; B. Rubin, *RE* XXIII, 1, col. 323, *s.v.* « Prokopios von Kaisareia ».

82. Cf. en particulier n. 66.

83. 4, 2 : description du mouillage d'Athénai ; 7, 1-8 : les fleuves entre Trapézonte et le Phase et les distances qui les séparent ; 10, 1-3 : fleuves entre le Phase et Dioscurias ; 10, 4 : distance Chobos-Dioscurias et récapitulation de la distance parcourue entre Trapézonte et Dioscurias ; 11, 1-3 : peuples entre ces deux villes. Les formules stéréotypées propres aux Périples ne manquent pas : 7, 1 : Ποταμοὺς δὲ παρημείψαμεν ἐν τῷ παράπλῳ... ; 10, 1 : ᾽Απὸ δὲ τοῦ Φάσιδος

d'un Périple traditionnel, cet ouvrage n'en présente pas
moins certaines originalités : de discrètes allusions à
l'actualité dans la partie qui suit le rapport d'inspection [84] ;
le parallèle implicite entre l'amitié qui liait Achille et
Patrocle, dont il est question à propos de Leukè [85], et celle
unissant, par delà la mort, Hadrien à Antinoüs. Ce ton de
discrète courtisanerie fait écho à celui de certains passages
de la lettre [86]. Les remarques de caractère géographique,
plus anecdotiques et ornementales que scientifiques, plus
nombreuses aussi, semble-t-il, que celles qu'on trouve
d'ordinaire dans les Périples, donnent également à cet
opuscule son caractère original [87]. C'est le cas aussi des
références culturelles, particulièrement nombreuses et
présentes dans tout l'opuscule : références mythologiques,
archéologiques, historiques, qui lui confèrent son caractère

Χαρίεντα ποταμὸν παρημείψαμεν; 11, 1 : Ἔθνη δὲ παρημείψαμεν
τάδε... Le contraste entre la partie de la lettre traitée en Périple d'une
part, et le rapport d'inspection ainsi que les ornements littéraires
d'autre part, est aussi marqué que celui qui oppose la lettre et le reste
du *Périple* (lequel n'est pas lui-même dépourvu d'éléments littéraires
étrangers au genre).

84. 12, 2 : ταῦτα μὲν εἰδότι σοι λέγω; 15, 1 : l'Halys coule νῦν (...)
ὑπὸ τῇ Ῥωμαίων ἐπικρατείᾳ; 16, 3 : Cotyôra νῦν (...) κώμη ἐστίν; 16,
6 : à Trapézonte σὺ ποιεῖς λιμένα; 17, 1 : Dioscurias τὴν νῦν
Σεβαστόπολιν καλουμένην; 17, 2 : Dioscurias ἐς ὅπερ στρατόπεδον
τελευτᾷ Ῥωμαίοις ἡ ἐπικράτεια; 17, 3 : la mort de Cotys et l'initiative
d'Arrien; 18, 3 : Stachemphax καὶ οὗτος παρὰ σοῦ τὴν βασιλείαν
ἔσχεν; 19, 3 : le sort de Théodosia et les villes côtières occupées par
les Scytho-Taures, allusion probable à une actualité récente; 23, 3 :
sur le culte rendu à Achille sur l'île de Leukè : τάδε μὲν ὑπὲρ τῆς
νήσου τῆς τοῦ Ἀχιλλέως ἀκοὴν ἀνέγραψα τῶν ἢ αὐτῶν προσχόντων ἢ
ἄλλων πεπυσμένων.
85. En particulier 21, 1; 21, 3 et 23, 4. Il y a là une héroïsation du
rapport entre Hadrien et Antinoüs.
86. 1, 1-4 : Arrien, le disciple d'Épictète, le moderne Xénophon,
sur les lieux visités naguère par l'Empereur et jadis par le disciple de
Socrate, magnifie son rapport avec Hadrien en lui donnant comme
toile de fond un passé prestigieux. De même 2, 4.
87. 3, 2 : les brises soufflant des fleuves à l'aurore; 4, 2 : les vents
soufflant à Athénai; 8, 1-5 : l'eau du Phase; 11, 4-5 : position
d'Apsaros et description de l'angle sud-est du Pont; le Caucase; 12,
2 : le Bosphore; 15, 1 : le cours de l'Halys; 19, 1 : les limites entre
l'Europe et l'Asie : Tanaïs ou Phase.

littéraire affirmé [88]. La référence en ce domaine, et le
modèle, c'est Xénophon, dont le nom figure huit fois et
toujours à propos de l'*Anabase* [89]. Après lui vient Homère, cité trois fois, mais sans que jamais aucune référence
s'applique précisément au Pont-Euxin [90]. Puis Hérodote,
deux fois cité [91], et Eschyle à propos de quatre vers du
Prométhée délivré [92].

Appartenant plus à la géographie qu'aux Périples, d'où
ils ne sont cependant pas tout à fait absents, figurent dans
ce *Périple* de nombreux rappels de la colonisation helléni-
que [93], du passé de l'Hellade [94] et de la civilisation
grecque [95].

---

88. Cf. Güngerich, *op. cit. supra*, n. 58, p. 20-21.

89. *Pér.*, 1, 1 (Ξενοφῶν ἐκεῖνος) : arrivée à Trapézonte; 2, 3
(Ξενοφῶν ἐκεῖνος) : sacrifice; 11, 1 : les Colches et les Drilles; 12, 5
(Ξενοφῶντι τῷ πρεσϐυτέρῳ) : le port de Calpè; 13, 6 (Ξενοφῶν ἐν τῇ
συγγραφῇ) : les malheurs des Dix Mille dans la région des Thraces
bithyniens; 14, 4 : Armènè; 16, 3 : Cotyôra; 25, 1 (Ξενοφῶν ὁ
πρεσϐύτερος) à Salmydessos.

90. *Pér.*, 3, 2 : brises matinales venant des fleuves; 8, 2 : l'eau
douce et salée du Pont et l'eau du Titarésios selon Homère; 23, 4 :
l'amitié entre Achille et Patrocle.

91. *Pér.*, 15, 1 : cours de l'Halys; 18, 1 : Nitikè et les « mangeurs
de poux ».

92. *Pér.*, 19, 2. D'autre part, dans le récit de la tempête, figure un
vers venant d'un tragique grec inconnu : *Pér.*, 3, 4. Ce récit de
tempête, traditionnel dans la littérature antique, allie à ses qualités
littéraires dramatiques la précision de détail qu'on exige d'un rapport
à l'Empereur. Sur de tels récits, cf. H. Gundel, in *RE* VIII A2 (1952),
s.v. « Seestürme », col. 2265-2288; voir aussi E. de Saint-Denis, *Le
rôle de la mer dans la poésie latine*, Paris (1935).

93. 1, 1 : Trapézonte, colonie de Sinope; 10, 4 : Dioscurias, colonie
de Milet; 13, 2 : Héraclée, colonie de Mégare; 13, 5 : Tios, colonie de
Milet; 14, 1 : Amastris, ville grecque; 14, 5 : Sinope, colonie de
Milet; 15, 3 : Amisos, colonie d'Athènes; 16, 3 : Cotyôra, colonie de
Sinope; 16, 4 : Pharnakeia, ancienne Kérasous, qui fut colonie de
Sinope; 19, 3-4 : Théodosia, colonie de Milet; 20, 2 : Olbia, cité
grecque; 24, 5-6 : Mesembria, Anchialos, Apollonia, cités grecques.

94. *Pér.*, 15, 1 : l'Halys, jadis frontière entre le royaume de Crésus
et celui des Perses; 16, 4 : Pharnakeia, appelée autrefois Kérasous;
10, 4 : Sébastopolis, anciennement Dioscurias.

95. *Pér.*, 4, 1 : temple d'Athéna à Athénai; 5, 3 : allusion à
Athènes à propos d'Athénai; 9, 1 : la déesse Phasianè, qui rappelle la
Rhéa du Métrôon d'Athènes, due à Phidias.

Cultivé, comme Hadrien, l'Empereur philhellène, Arrien est choqué par les fautes de grec commises par des artisans barbares sur les inscriptions qu'ils ont été chargés de graver [96] et par la grossièreté de leur travail [97]. Ses compétences s'étendent aussi au domaine de l'étymologie [98] ainsi qu'à ceux de l'archéologie, de la sculpture, de l'architecture [99], et même de la religion [100]. On serait étonné que, dans un tel ouvrage, les rappels de la mythologie ne soient pas nombreux. L'opuscule emprunte à cette dernière une partie de ses prestiges, le voyage d'Arrien et le reste du *Périple* s'inscrivant dans une tradition de voyages, réels ou mythiques, et faisant lever, presque à chaque étape, dans l'épaisseur du temps, les réminiscences et les traces d'un antique et glorieux passé [101].

Trois passages, plus développés et d'importance à peu près égale, au début, au milieu et à la fin de l'ouvrage, contribuent tout particlièrement à donner à celui-ci son équilibre et sa tonalité littéraire : le récit dramatique de la tempête (3, 1-5, 3) ; l'évocation du Phase, faite d'éléments plus composites (8, 1-9, 5) ; celle de Leukè et du culte étrange qui y est rendu à Achille (21, 1-23, 4).

96. *Pér.*, 1, 2.

97. *Pér.*, 1, 3 et 2, 1.

98. *Pér.*, 4, 1 : le nom d'Athénai ; 6, 3 : Apsaros vient d'Apsyrtos, comme Tyana de Thoana.

99. *Pér.*, 1, 2-4 ; 2, 1 : jugement sur les ouvrages commandés par Hadrièn ; 9, 2 : les ancres du Phase et les Argonautes ; 21, 2 : la statue d'Achille est un « xoanon » ancien.

100. *Pér.*, 8, 5 : prescriptions religieuses que les voyageurs doivent observer en pénétrant dans le Phase ; 9, 1 : la déesse Phasianè rapprochée de Rhéa ; ses attributs ; 21, 1-23, 4 : le long récit du culte rendu à Achille sur l'île de Leukè.

101. *Pér.*, 6, 4 : Tyana évoquant Thoas, le roi des Taures, à la poursuite d'Oreste et de Pylade ; 11, 5 : le mont Strobilos et l'enchaînement de Prométhée (de même : 19, 2) ; 6, 3 : Apsaros évoque le souvenir d'Apsyrtos et de Médée ; 9, 2 : l'ancre d'Argô ; 15, 3 : le Thermodon et les Amazones ; 21, 1 sqq. : Leukè et la « Course d'Achille », Thétis, Patrocle, les Dioscures ; 25, 3 : les Roches Cyanées et Argô menant Jason en Colchide.

8. — UN TÉMOIGNAGE HISTORIQUE IMPORTANT.

Tant du point de vue de l'histoire géo-politique de la région que, comme nous l'avons vu, de l'histoire du genre du Périple, cet opuscule, malgré sa brièveté, est loin d'être négligeable. Nous nous bornerons ici à énumérer quelques-uns des points intéressant la géographie et l'histoire sur lesquels ce *Périple* apporte du nouveau [102] : à cet égard, il faut, évidemment, noter avant tout la description détaillée de la section Trapézonte — Dioscurias. Compte tenu de la perte de la plupart des Périples de l'Euxin, celui-ci est, avec celui de l'Anonyme, le plus précis, pour cette partie, qui nous soit parvenu. Il l'est aussi pour la section suivante, Sébastopolis — Bosphore cimmérien, pour laquelle Arrien, qui n'a pas, au cours de cette inspection, poussé son voyage au-delà de Sébastopolis, a dû disposer d'une bonne documentation et de bons informateurs [103]. Méritent d'être notés aussi : la mention d'un port en cours de construction à Trapézonte (16, 6) ainsi que celle de divers ouvrages (statue, autels, temple) commandés par Hadrien (1, 1-2, 2) ; ce qui est dit de l'existence et de la position de la garnison de Dioscurias/Sébastopolis (10, 4 ; 11, 3 ; 11, 5 ; 17, 1-2) et de Dioscurias, qui serait une ancienne colonie de Milet (10, 4). C'est d'Arrien que nous tenons l'essentiel des renseignements sur les forts côtiers, en particulier sur Phasis (9, 3-5), ainsi que sur les garnisons qu'ils abritaient. C'est encore grâce à Arrien que se trouve, en bonne partie, renouvelée notre connaissance des peuples de l'angle sud-est du Pont-Euxin (11, 1-3 ; 18, 1-3). Enfin, au-delà de Panticapée, la mention des villes côtières de la péninsule Taurique nous fournit, semble-t-il, quelques renseignements rapides, mais précieux, sur l'activité des Scytho-Taures et leurs rapports avec les populations côtières (19, 3-5).

102. Pour le détail, voir les notes.
103. Cf. Arnaud, p. 71 et n. 59. Sur cette partie de la côte, cf. Katcharava (1) et (2).

9. — Conclusion [104].

Le mérite d'Arrien n'est pas mince d'être parvenu, tout en conservant à son ouvrage les caractéristiques essentielles d'un Périple traditionnel, à en dépasser le cadre étroitement utilitaire pour en faire une œuvre de lecture agréable et instructive, marquée au coin de sa riche personnalité. Homme d'action et de culture, esprit ouvert, curieux, courtisan habile, Arrien était bien fait, semble-t-il, pour s'entendre avec Hadrien. À la croisée de deux

---

[104]. La question des sources a été laissée de côté faute de données précises. Pourtant, il est certain qu'Arrien, même dans son rapport d'inspection, s'est appuyé sur des descriptions antérieures, complétées, ici ou là, par des témoignages oraux (comme il le dit explicitement à propos de Leukè). Mais nous ne pouvons guère aller au-delà de cette hypothèse, compte tenu du fait que, dans un ouvrage de ce genre, les similitudes entre des séquences de toponymes chez deux ou plusieurs auteurs sont normales et ne sont donc guère probantes (à moins que ces séquences ne présentent entre des auteurs des particularités communes d'orthographe, de disposition des noms géographiques, etc., qui ne figurent pas chez d'autres). Aussi, même pour la portion de la description qui va du Bosphore thrace à Trapézonte, où les rencontres avec ce qui reste du *Périple* de Ménippe de Pergame sont relativement nombreuses (distances, nomenclatre), un spécialiste tel que Diller (p. 149) se garde-t-il de conclure que Ménippe serait ici la source d'Arrien. La description des côtes au-delà de Dioscurias jusqu'à Panticapée est riche de toponymes et de détails d'ordre topographique dont beaucoup ne se rencontrent que dans Arrien. Comme celui-ci n'est pas allé au-delà de Dioscurias au cours de son voyage d'inspection, il a bien fallu qu'il puise ses renseignements à quelque source écrite ou orale, ou aux deux à la fois. Quand on aura remarqué que certains toponymes figurent aussi dans Pline l'Ancien, on ne pourra guère faire mieux que de supposer que ces deux auteurs ont peut-être eu recours à une même source, sans doute récente, et qui a pu servir aussi pour la suite de la description jusqu'à Kerkinitis (cf. Rostovtseff (3), p. 59-62; Agbunov (2), p. 141). Le reste, à partir de Kerkinitis, très succinct et comportant des omissions et des erreurs, remonte peut-être à une source plus ancienne (mention des colonies grecques de la côte thrace), sans qu'on puisse préciser davantage. Quant aux développements extérieurs au genre du Périple, en particulier sur le Phase et, surtout, sur Leukè, les sources sont tout à fait insaisissables. Sur le problème des sources dans son ensemble, cf. Marenghi (3).

mondes, ce Grec au service d'un Empereur romain s'était
vu confier la charge redoutable de maintenir la présence de
l'Empire sur sa frontière orientale, là où le monde gréco-
romain rencontre le monde des Parthes et de l'Orient. À ce
poste avancé, Arrien aura bientôt à affirmer en face des
Alains la présence des armes romaines. L'Empire, qui
vivait alors, sans doute, sa période la plus heureuse,
paraissait encore inébranlable. Quelques décennies seulement le séparaient pourtant des premiers grands craque-
ments, annonciateurs de plus grands encore. Le Barbare
était aux portes de l'Empire et ne tarderait pas à en
précipiter la fin.

II. LA TRADITION DU TEXTE

1. — LE *CODEX PALATINUS HEIDELBERGENSIS GRAECUS* 398 [105].

Le *Périple* d'Arrien occupe les ff. 30v, l. 1 - 40r, l. 5 de
ce manuscrit de 321 feuillets de parchemin, divisé en six
sections. La première contenait dix œuvres, dont le
Périple. Neuf sur dix sont de caractère géographique, en
particulier la fin du *Périple* dit de l'Anonyme (ff. 11r-16v)
et le *Périple de la mer Érythrée* (ff. 40v-54v), tous deux
attribués faussement à Arrien [106].

---

105. Il a été décrit par A. v. Gutschmid, in : *Neue Heidelberger
Jahrbücher* 1, 1891, p. 227 sqq. (= *Kleine Schriften* 4, p. 590 sqq.) et
par Diller, p. 3-7. Voir aussi H. Stevenson, *Codices manuscripti
Palatini graeci Bibliothecae Vaticanae*, 1885, p. 254, et W. Aly, in
Hermes 62, 1927, p. 321.

106. Les quatre premières œuvres, perdues, sont connues par le
Vatopedinus 655 (aujourd'hui partagé entre Vatopédi, Londres
[*Addit.* 19391] et Paris [*Suppl. gr.* 443 A : *l* dans l'édition Roos, *B*
dans l'édit. Diller). Celui-ci contient (fol. 10r 30-37v Diller) les
mêmes textes et disposés dans le même ordre que le *Palatinus
gr.* 398 (fol. 11r-373r), dont il est la copie. Seul le Κυνηγετικός
d'Arrien (*P* 17r-30r) est omis, certainement, comme le fait observer
Diller (p. 12), afin de former un recueil uniquement constitué de

Ce *codex* représente pour la plupart des œuvres qu'il contient la seule tradition existante. C'est le cas du *Périple* d'Arrien [107]. Le *Palat. gr.* 398 est attribué au IXe siècle. L'écriture de ses 1re, 3e et 6e parties a été reconnue identique à celle du *Parisinus gr.* 1807 de Platon, daté du IXe s. par I. Bekker en 1823. Elle présente la régularité, la pureté et comme une espèce de raideur qui caractérisent les manuscrits de cette époque (Diller, p. 5, parle d'une « archaic severity »).

Ce manuscrit avait été acquis, sans doute à Constantinople en 1436, par le cardinal Johannes Stojkovič de Raguse, au cours d'une mission dont l'avaient chargé les autorités de Bâle. Légué par celui-ci à sa mort, en 1443, avec d'autres manuscrits grecs qu'il possédait, au couvent des Dominicains de Bâle, le *Palat. gr.* 398 fit l'objet de deux *editiones principes* par les soins du libraire Hieronymus Froben de Bâle. Celui-ci confia à S. Gelen l'édition, parue en 1533, du *Périple* d'Arrien, du *Périple de la mer*

textes géographiques. Ces textes, dans l'ordre où ils se présentent dans le *Palatinus*, sont les suivants : 5. Ἀρριανοῦ περίπλους Εὐξείνου Πόντου ἑκατέρων τῶν ἠπείρων (= partie du *Périple* de l'Anonyme; *P* 11r-16v); 7. Le *Périple* d'Arrien (30v-40r); 8. Le *Périple de la mer Érythrée*, attribué à Arrien (40v-54v); 9. Ἄννωνος Καρχηδονίων βασιλέως περίπλους (55r-56r); 10. Φίλωνος Βυζαντίου περὶ τῶν ἑπτὰ θεαμάτων (56v-59v); 11. Χρηστομάθειαι ἐκ τῶν Στράβωνος γεωγραφικῶν (60r-156r); 12. Πλουτάρχου περὶ ποταμῶν καὶ ὀρῶν ἐπωνυμίας (157r-173r). Le sixième texte du recueil est le Κυνηγετικός. Les quatre premiers, qui ne figurent plus dans le *Palatinus*, ont été conservés par le *Vatopedinus*. Ce sont, dans l'ordre où ils devaient figurer dans le *Palatinus* : 1. Ὑποτύπωσις γεωγραφίας ἐν ἐπιτόμῳ; 2. Ἀγαθημέρου τοῦ Ὄρθωνος γεωγραφίας ὑποτύπωσις; 3. Ἀνέμων θέσεις καὶ προσηγορίαι ἐκ τῶν Ἀριστοτέλους περὶ σημείων; 4. Διονυσίου Βυζαντίου ἀνάπλους Βοσπόρου. Les textes 11 et 12 font partie de la seconde et de la troisième sections du *Palatinus*. Les douze textes contenus dans la fin de ce manuscrit ne relèvent pas de la géographie et ne figurent pas dans le *Vatopedinus*. On voit d'autre part que, si le *Périple de la mer Érythrée* est (faussement) attribué à Arrien, l'Ἰνδική est absente du recueil. Cela tient au fait que cette œuvre formait en réalité le huitième livre de l'*Anabase* et que ces deux œuvres ont une tradition manuscrite commune (cf. P. Chantraine, *L'Inde, C.U.F.*, p. 12-13).

107. Et du Κυνηγετικός du même auteur.

Érythrée, du *Périple d'Hannon*, du *De fluuiis* du Ps.-
Plutarque et des *Chrestomathiae* tirées de Strabon. Au
lieu de retourner, avec quelques autres manuscrits grecs,
au couvent des Dominicains, ce codex fut offert en 1553 à
l'Électeur Palatin Ottheinrich, et versé à la *Librairie
Palatine* de Heidelberg, où il fut catalogué sous le n° 398.
Maximilien de Bavière, vainqueur de l'Électeur Palatin
Frédéric V, offrit au pape Grégoire XV l'ensemble de la
bibliothèque. Arrivé à Rome en 1623, où il fut étudié par
Holsten, le codex fut ensuite emporté à Paris en 1798.
C'est là que F. J. Bast, dans sa *Lettre critique* (1805),
remarqua l'identité de graphie avec le *Parisinus gr.* 1807.
Il retourna à Heidelberg en 1816 [108].

2. — ARRIEN ET L'ANONYME : LES MANUSCRITS.

Dans le *Palat. gr.* 398 ne figure qu'une portion du
Périple de l'Anonyme. La partie du *Codex Vatopedinus* 655 conservée à Londres (Add. 19391) le contient tout
entier (ff. 4v, l. 10 - 7v, l. 8), ainsi que le *Périple* d'Arrien
(ff. 7v, l. 9 - 9v, l. 2). C'est un parchemin de grand format,
dont l'écriture est très serrée et menue (une page correspond à cinq pages et demie du *Palatinus*). Ce manuscrit,
décrit par Diller (p. 10-14), date du XIVᵉ siècle. Il a été
copié sur le *Palatinus* à une époque où celui-ci était
encore intact.

Le *Codex Vat. gr.* 143 (*saec.* XIV) conserve le début du
Périple de l'Anonyme (depuis le sanctuaire de Zeus Ourios
jusqu'au fleuve Ophis). Il est décrit par Diller (p. 43-44).

Le *Codex Vindob. theolog. gr.* 203, du milieu du
XIVᵉ s., contient un passage du *Périple* de l'Anonyme
(ff. 315v-316r). Cf. Diller, p. 44-45.

C. Müller (*GGM* I, p. 402-423) a édité à la suite les
passages du *Périple* de l'Anonyme conservés dans le *Vat.*
et le *Palat.* ; puis séparément la partie centrale que seul le
Londiniensis Add. 19391 a transmise (*FHG* V, 1870,

---

108. Cf. Diller, p. 7-10.

p. 174-184). Une édition complète de ce *Périple* a été donnée par Diller, p. 118-138.

Roos, dans son édition du *Périple* d'Arrien, a indiqué les passages de celui-ci que l'Anonyme a copiés textuellement ou dont il s'est inspiré, ainsi que ceux où il s'écarte plus ou moins du texte d'Arrien. Diller a fait de même dans son édition du *Périple* de l'Anonyme.

3. — LES *PÉRIPLES* DE MÉNIPPE DE PERGAME, D'ARRIEN ET DE L'ANONYME.

Ménippe de Pergame, qui vécut à l'époque d'Auguste et de Tibère[109], est l'auteur d'un Τῆς ἐντὸς θαλάσσης περίπλους. De cet ouvrage, maintenant disparu, Marcien d'Héraclée, au début du ve s., a tiré une *Épitomé*[110], qui ne nous est pas parvenue en entier. S'il est vraisemblable, voire probable, qu'Arrien a eu recours à l'ouvrage de Ménippe, il n'est pas possible de le démontrer faute de parallèles sûrs entre son texte et celui de Marcien d'Héraclée[111]. Le problème des sources se pose tout autrement pour l'Anonyme. Son *Périple*, par ailleurs fort intéressant et riche d'enseignement pour l'histoire de la géographie antique, n'est que la compilation d'ouvrages antérieurs : le *Périple* du pseudo-Scylax, la *Périégèse* iambique du pseudo-Scymnos, l'*Épitomé* de Marcien d'Héraclée, et surtout le *Périple* d'Arrien, auquel le texte du manuscrit de l'Anonyme emprunte le titre, l'adresse à l'Empereur et jusqu'au nom d'Arrien. Le *Périple* d'Arrien forme en fait l'armature de celui de l'Anonyme, qui en reproduit toute la nomenclature géographique (à de légères variantes orthographiques près), les notices mythologiques et historiques (sauf celle qui concerne le culte d'Achille sur

109. Cf. Berger, *Gesch. der wiss. Erdk. der Griechen*, Leipzig, 1903², p. 533.
110. Édité par Müller, *GGM* I, p. 563-573, et par Diller, p. 147-156.
111. Voir la note 104 de la Notice. Cf. Müller, *GGM* I, p. CXIII et CXXXVII.

l'île de Leukè), et dont les emprunts très souvent sont
textuels [112].

4. — Remarques sur la présente édition.

Pour les besoins de l'édition nous avons disposé de la
reproduction photographique du *Palatinus gr.* 398 (pour
le *Périple* d'Arrien et la partie restante du *Périple* de
l'Anonyme), du *Londiniensis Add.* 19391 (pour le *Périple*
de l'Anonyme) et du *Vaticanus gr.* 143. Une excellente
édition du *Périple* de l'Anonyme a été faite par A. Diller.
Dans les *Testimonia*, les références de l'Anonyme sont
données d'après cette édition, qui indique le folio et la
ligne du *Londiniensis*; on les a fait suivre, entre parenthèses, des références à l'édition Müller. Les renvois à
l'Anonyme précédés de la mention Cf. concernent des
passages qui ne sont pas certainement tirés d'Arrien ou
d'une source commune; ils font alors l'objet de notes.
Dans l'apparat critique, nous n'avons donné que les leçons
de l'Anonyme qui présentent un intérêt direct pour
l'édition du *Périple* d'Arrien. L'Anonyme conserve, en
particulier, un passage qui ne figure pas dans le manuscrit
d'Arrien, mais qui est très certainement issu du texte de ce
dernier tel qu'a pu le lire l'Anonyme [113].

Pour la division en chapitres, nous avons adopté celle de
l'édition Roos, qui elle-même reprend celle de Müller (éd.
Didot, 1846), de Hercher (1854) et d'Eberhard (1885),
mais dont se distingue Müller dans son édition des *GGM*
(1855).

Dans son édition de l'"Ἰνδική, Chantraine avait observé
que le texte d'Arrien présentait de façon anarchique un
mélange de formes ioniennes et attiques, sans qu'on puisse
décider si cet état de chose est imputable à Arrien ou à la
tradition manuscrite. Selon Roos, il faudrait attribuer à
Arrien ces disparités. Chantraine, moins affirmatif, remar-

---

112. Voir les *Testimonia*.
113. Arrien, 11, 5 : c'est Eberhard qui, le premier, a rétabli le texte
original, suivi par les éditeurs postérieurs.

que que, si la tradition est « sans grande valeur », c'est une « donnée positive ». Il conclut : « Dans l'ignorance où nous sommes de ce qu'a pu écrire Arrien, le plus prudent et le plus honnête est de reproduire le manuscrit » (p. 19). C'est le parti que nous avons pris, après d'autres (Müller, Roos, Marenghi). Nous avons donc maintenu des doublets tels que θάλαττα/θάλασσα (1, 1. 3, etc.); εἰς/ἐς passim; σμικρός/μικρός (13, 1. 5; 14, 3; 20, 2, etc.); γιγνώσκειν mais ἐγίνετο (11, 4. 5) et γίνονται (23, 2); Διοσκόρους (23, 1) et Διοσκούρων ainsi que Διόσκουροι (23, 2). Si, d'autre part, on ne trouve que la forme τεσσαράκοντα, le texte offre καττιτέρου (8, 5), forme attique d'ailleurs rare. Enfin, nous avons maintenu les formes élidées, très fréquentes. C'est ainsi que δέ et ὑπό sont rarement élidés (ὑπό Ἡφαίστου : 11, 5).

5. — NOTE SUR LA CARTOGRAPHIE ET LA TOPONYMIE.

La description qu'Arrien fait des côtes nord et ouest de la mer Noire étant très succincte, les cartes au 1 : 2.000.000e, en vente dans le commerce, voire celle qui figure dans un atlas tel que le *Grand Atlas du Monde* (éd. Atlas, 1991), peuvent seconder utilement la lecture du *Périple*.

C'est pour les côtes est et sud que le défaut de bonnes cartes se fait le plus cruellement sentir. En particulier, pour l'identification, très souvent hypothétique d'ailleurs, des cours d'eau, cités en grand nombre et souvent très petits, entre Trapézonte et Dioscurias, et au-delà jusqu'au détroit de Kertch. Les cartes modernes représentent souvent de nombreux cours d'eau, mais sans leur donner de nom.

Pour ce qui est des atlas et des cartes historiques, on pourra avoir utilement recours aux cartes figurant dans les ouvrages suivants :

Pour la Russie méridionale : *Antiquités de la Russie méridionale*, de N. Kondakof et J. Tolstoï dans l'édition française de S. Reinach, Saint-Pétersbourg, 1891.

Pour la côte sud, outre l'atlas de Kiepert (R. Kiepert, *Kleinasien*)et la description, encore très utile, faite au siècle dernier par Hamilton (cf. bibliogr.), ou pourra recourir à l'ouvrage de W. M. Calder et G. E. Bean, *A Classical Map of Asia Minor, being a partial Revision by kind Permission of Messrs. John Murray of J. G. C. Anderson's Map of Asia Minor*, published by the British Institute of Archaeology at Ankara, Supplement to Anatolian Studies, vol. VII, 1957.

Pour la côte est, où les recherches ont été moins actives, on ne dispose, à notre connaissance, d'aucun recueil cartographique comparable. On pourra peut-être tirer parti de la carte figurant dans l'ouvrage de H. Hübschmann, *Die altarmenischen Ortsnamen*, in : *Indogerm. Forsch.*, 16, 1904.

Enfin, certains éditeurs du *Périple* d'Arrien et de celui de l'Anonyme offrent une représentation cartographique des toponymes et hydronymes qui y figurent. Müller : la planche XVI de son supplément cartographique aux *G.G.M.* ; Roos : une carte d'ensemble de l'Euxin ; Baschmakoff : onze cartes représentant par sections l'ensemble du Pont-Euxin.

BIBLIOGRAPHIE

AALTO, P., PEKKANEN, T., Latin Sources on North-Eastern Eurasia, Part I (1975), 267 p.; Part II (1980) [Asiatische Forschungen 44 et 57], Wiesbaden.

AGBUNOV, M. V., (1), « The ancient Geography of the Northern Black Sea coastal Region », in *V.D.I.* (= *Journal of Ancient History*), 155, 1981, p. 124-143 (en russe avec résumé en anglais).

—, *id.* (2), « The ancient Geography of the North-West Black Sea coastal Region », in *V.D.I.* 171, 1984, p. 124-141 (en russe avec résumé en anglais).

ANDERSON, J. G. C., « The Eastern Frontier from Tiberius to Nero », in *C.A.H.* 10, 1971, p. 743-780.

ARNAUD, P., « Les relations maritimes dans le Pont-Euxin d'après les données numériques des géographes anciens », in *REA* 94, 1992, p. 57-77.

BARLOEWEN, W. D. von (édit.), *Abriß der Geschichte antiker Randkulturen*, Munich, 1961, 315 p.

BASCHMAKOFF, A., *La synthèse des Périples pontiques* (Études d'ethnographie, de sociologie et d'ethnologie, t. III), Paris, 1948, 185 p.

BASLEZ, M. F., *L'étranger dans la Grèce antique*, Paris, Belles Lettres, 1984, 401 p.

BEAUJEU, J., *La religion romaine à l'apogée de l'Empire* : I, *La politique religieuse des Antonins,* Paris, Belles Lettres, 1955, 452 p.

BELIN DE BALLU, E., *L'histoire des colonies grecques du littoral nord de la Mer Noire*, Leiden, 1965.

BENARIO, H. W., *A Commentary on the Vita Hadriani in the Historia Augusta*, in Amer. Class. Stud. 7, 1980, 167 p.

BENJAMIN, A. S., « The Altars of Hadrian in Athens and Hadrian's Panhellenic Program », in *Hesperia* 32, 1963, p. 57-86.

BIEBER, M., « The Images of Cybele in Roman Coins and Sculpture », in *Hommages à Marcel Renard*, III (Coll. Latomus, 103), Bruxelles, 1969, p. 29-40.

BOARDMAN, J., (1), « Greek Archaeology on the Shores of the Black Sea », in *J.H.S. Archaeological Reports for 1962-1963*, 1963, p. 34-51.

—, *id.*, (2), *The Greeks overseas*, 3ᵉ éd., Londres, 1980, 288 p.

BOSWORTH, A. B., (1), « Arrian and the Alani », in *Harvard Stud. in Class. Philol.*, 81, 1977, p. 217-255.

—, *id.*, (2), « Arrians literary Development », in *Class. Quart.*, 22, 1972, p. 163-185.

—, *id.*, (3), « Vespasian's Reorganization of the North-East Frontier », in *Antichthon* 10, 1976, p. 63-78.

—, *id.*, (4), « Arrian and Rome : the Minor Works », in *A.N.R.W.* II.34.1 (1993), p. 226-275.

BRANDIS, C. G., « Arrians Periplus Ponti Euxini », in *Rhein. Mus.* 51, 1896, p. 109-126.

BRAUND, D. C., (1), « Coping with the Caucasus : Roman Responses to local conditions in Colchis », p. 31-43 (voir : FRENCH, LIGHTFOOT, *The Eastern Frontier...*, vol. I).

—, *id.*, (2), « Hadrian and Pharasmanes », in *Klio* 73, 1991, 1, p. 208-219.

—, *id.*, (3), *Rome and the friendly King : the Character of Client Kingship*, Londres, 1984.

BROSSET, M., *Histoire de la Géorgie*, Saint-Pétersbourg, 1849.

BURNEY, Ch., LANG, D. M., *The Peoples of the Hills. Ancient Ararat and Caucasus*, Londres, 1971, 324 p.

BURR, V., *Die antiken Namen der einzelnen Teile des Mittelmeeres*, Stuttgart, 1932, 135 p.

CASSON, L., *Ships and Seamanship in the Ancient World*, Princeton, 1971, 441 p.

CHAPOT, V., (1), « Arrien et le Périple du Pont-Euxin », in *R.E.G.* 34, 1921, p. 129-154.

—, *id.*, (2), *La frontière de l'Euphrate de Pompée à la conquête arabe*, Paris, 1907, 408 p.

CHARACHIDZÉ, G., *Prométhée ou le Caucase : essai de mythologie contrastive*, Paris, 1986, 368 p.

CHEVALLIER, R., *Voyages et déplacements dans l'Empire romain*, Paris, 1988, 446 p.

CLAIRMONT, C. W., *Die Bildnisse des Antinous, ein Beitrag zur Porträtplastik unter Kaiser Hadrian* (Bibl. Helvetica Romana VI), Rome, 1966.

CUMONT, F. et E., *Voyage d'exploration archéologique dans le Pont et la Petite Arménie* (Stud. Pontica II), Bruxelles, 1906.

DĄBROWA, E., (1), « Le limes anatolien et la frontière caucasienne au temps des Flaviens », in *Klio* 61, 1980, p. 379-388.

—, *id.*, (2), « Roman Policy in Transcaucasia from Pompey to Domitian », p. 67-76 (voir : FRENCH, LIGHTFOOT, *The Eastern Frontier...*, vol. I).

DANOFF, C., « Pontos Euxeinos », in *RE* Suppl. IX, 1962, col. 866-1175.

DAUGE, Y. A., *Le Barbare. Recherches sur la conception romaine de la barbarie et de la civilisation*, Bruxelles, 1981.

DAVIÈS, R. W., « Fronto, Hadrian and the Roman Army » in *Latomus* 27, 1968, p. 75-95.

DELEV, P., « Bevölkerung und Siedlungssystem an der bulgarischen Schwarzmeerküste », in W. Schuller éd., *Die bulgarische Schwarzmeerküste im Altertum* (Xenia 16), Konstanz, 1985, p. 9-27.

DIEHL, E., « Pontarches », in *RE* XXII, 1953, col. 1-18.

DILLER, A., *The Tradition of the Minor Greek Geographers* (Philol. Monographs, XIV), 1952, 200 p.

DUBOIS DE MONTPÉREUX, F., *Voyage autour du Caucase chez les Tcherkesses et les Abkhazes, en Colchide, en Géorgie, en Arménie et en Crimée*, Paris, 1841.

EHRHARDT, N., « Zur Gründung und zum Charakter der Ostpontischen Griechensiedlungen » in *ZPE* 56, 1984, p. 153-158.

FRENCH, D., LIGHTFOOT, C. (édits.), « The Eastern Frontier of the Roman Empire », in *Proceedings of a colloquium held at Ankara in September 1988* (British Institute of Archaeology at Ankara, Monograph 11 — BAR International Series 553 (i), 1989 (Oxford), 2 vol.

GAJDUKEVIČ, V. F., *Das Bosporanische Reich*, Berlin-Amsterdam, 1971 (trad. allmde.), 604 p.

GEROV, B., « Die Grenzen der römischen Provinz Thrakia », in *A.N.R.W.* II.7.1, 1979, p. 212-240.

GORBUNOVA, K. S., « Archaeological Investigations on the Northern Shore of the Black Sea in the Territory of the Soviet Union, 1965-70 », in *JHS Arch. Reports* 18, 1972, p. 48-59.

GRAILLOT, H., *Le culte de Cybèle, Mère des dieux, à Rome et dans l'Empire romain*, Paris, 1912.

GRAS, M., « Les montes insani de la Sardaigne », in R. Chevallier (éd.), *Littérature gréco-romaine et géographie historique, Mélanges offerts à Roger Dion*, Paris, 1974, p. 349-366.

HAMILTON, W. J., *Researches in Asia Minor, Pontus and Armenia*, I-II, Londres, 1842.

HENDERSON, B. W., *The Life and Principate of the Emperor Hadrian*, Londres, 1923, 304 p.

HERRMANN, A., « Kaúkasos » (3), in *RE* XI, 1922, col. 59-62.

HIND, J. G. F., (1), « Greek and Barbarian Peoples on the Shores of the Black Sea », in *JHS Archaeological Reports for 1983-84*, n° 30, p. 71-97.

—, *id.*, (2), « Archaeology of the Greeks and Barbarian Peoples around the Black Sea 1982-92 », *ibid.*, 1992-93, n° 39, p. 82-112.

ISAAC, B., *The Limits of Empire. The Roman Army in the East*, Oxford, 1990.

KACHARAVA, D., TOLORDAVA, V., « La Colchide antique. Bibliography (sic). Georgian Archaeological Literature in 1976-1986 », in *Dialogues d'histoire ancienne* 13, 1987, p. 275-312.

KACHARAVA, D. D., (1), « Archaeological Investigations on the Eastern Black Sea Littoral, 1970-1980 », in *JHS Archaeological Reports for 1983-1984*, n° 30, p. 98-101.

—, *id.*, (2), « Archaeology in Georgia 1980-1990 », *ibid.*, n° 37, p. 79-86.

KAIMIO, J., *The Romans and the Greek Language (Commentationes Humanarum Litterarum* 64), Helsinki, 1979, 379 p.

KHARTCHILAVA, T., GENY, E. (édit.), *Le Pont-Euxin vu par les Grecs*. Symposium de Vani (Colchide), septembre-octobre 1987, Paris, 1990 (Annales de l'Univ. de Besançon).

KIENAST, D., *Untersuchungen zu den Kriegsflotten der römischen Kaiserzeit* (Abhdl. zur Alten Geschichte, 73), Bonn, 1966, 188 p.

KIESSLING, M., Ἡνίοχοι, in *RE* VIII, 1913, col. 259-280.

LÉVÊQUE, P., « Recherches nouvelles sur le Pont-Euxin », in *REA* 94, 1992, p. 49-56.

LEVKINADZE, V. A., « The Pontic Limes », in *V.D.I.* 108, 1969, p. 75-93 (en russe, avec résumé en anglais).

LEVEAU, Ph., « La question du territoire et les sciences de l'Antiquité : la géographie historique, son évolution de la topographie à l'analyse de l'espace », in *REA* 86, 1984, p. 85-115.

(*Lexiques géographiques*) :

BESNIER, M., *Lexique de géographie ancienne*, Paris, 1914.

FORCELLINI, *Totius latinitatis lexicon*, Schneeberg, 1831-1835 (4 t.).

GRAESSE J. G. T., *Orbis latinus*, Dresde, 1861 (réimpr. Aalen, 1969).

GRANT, M., *A Guide to the Ancient World, a Dictionary of classical Place Names*, New York, 1986.

LOMOURI, N. J., « Is istoričeskoj geografii drewnej Kolchidyi », (= Aus der historischen Landeskunde der antiken Colchis) [en russe, sans résumé dans une autre langue], in *V.D.I.*, 1957, p. 96-110.

LORDKIPANIDZE, O., (1), *Das alte Kolchis und seine Beziehungen zur griechischen Welt vom 6. zum 4. Jh. v. Chr.* (Xenia, Konstanzer althistorische Vorträge und Forschungen, 14), 1985, 49 p.

—, *id.*, (2), « Das Handwerk der Alt-Kolchis (VI.-IV. Jh. v. Chr.), in *Études et travaux*, XIII (Travaux du centre d'Archéologie Méditerranéenne de l'Académie polonaise des Sciences, t. 26), p. 240-247.

—, *id.*, (3), « Forschungen zu den frühen Kulturen in den Georgischen SSR », in *Das Altertum*, 1, 1978, p. 19-29.

—, *id.*, (4), « La Civilisation de l'ancienne Colchide aux ve-ive siècles (à la lumière des plus récentes découvertes archéologiques) », in *Revue archéologique*, 2, 1971, p. 259-288.

—, *id.*, (5), « La Géorgie à l'époque hellénistique », in *Dialogues d'histoire ancienne*, 9, 1983, p. 197-216.

—, *id.*, (6), « La Géorgie et le monde grec », in *BCH* 98, 1974, p. 897-948.

—, *id.*, (7), « The Greco-Roman World and ancient Georgia (Colchis and Iberia) », p. 123-124, in *Modes de contacts et processus de transformation dans les sociétés antiques*. Actes du colloque de Cortone (24-30 mai 1981), Coll. de l'École française de Rome, LXVII, 1983.

McCASLIN, E., *Stone Anchors in Antiquity : coastal Settlements and Maritime Trade Routes in the Eastern Mediterranean ca. 1600-1050 B.C.*, Göteborg, 1980, XI + 145 p. (Studies in Mediterranean Archaeol., 61).

McMULLEN, R., « Roman Imperial Building in the Provinces », in *Harvard Stud. in Class. Philol.*, 64, 1959, p. 207-235.

MACRO, A. D., « The Cities of Asia Minor under the Roman Imperium », in *A.N.R.W.* III.7.2, 1980, p. 658-697.

MAGIE, D., *Roman Rule in Asia Minor to the End of the third Century after Christ*, Princeton, 1950, vol. I, 723 p. ; vol. II, p. 725-1661.

MANN, J. C., « The Frontiers of the Principate », in *A.N.R.W.* II.1, 1974, p. 508-533.

MARENGHI, G., (1), éd., *Arriano. Periplo del Ponte Eusino* (Coll. di Studi Greci, 29), Naples, 1958, 114 p.

—, *id.*, (2), « Carattere e intenti del Periplo di Arriano », in *Athenaeum*, N.S., 35, fasc. III-IV, 1957, p. 177-192.

—, *id.*, (3), « Sulle fonti del Periplo di Arriano », in *Stud. It. di Filol. Cl.* 29, 1957, p. 217-223.

MASLENNIKOV, V. I., « (The Population of the Chora of European Bosporus in the Ist. cent. B.C.) » [en russe, avec résumé en anglais], in *Sovietskaja Archeologia*, 1980, 4, p. 65-74.

MATTINGLY, H., « Some historical coins of Hadrian », in *JRS* 15, 1925, p. 209-222.

MAXIMOVA, M., « Der kurze Seeweg über das schwarze Meer im Altertum », in *Klio* 37, 1959, p. 101-118.

MINNS, E. H., *Scythians and Greeks*, Cambridge, 1913, 720 p.

MITFORD, Th. B., (1), « Cappadocia and Armenia Minor : Historical Setting of the Limes », in *A.N.R.W.* II.7.2, 1980, p. 1169-1228.

—, *id.*, (2), « Some Inscriptions from the Cappadocian Limes », in *JRS* 64, 1974, p. 160-175.

MOMMSEN, Th., *The Provinces of the Roman Empire ; from Caesar to Diocletian*, II, Londres, 1909, 374 p.

MONGAÏT, A. L., *L'archéologie en URSS* (en russe), Moscou, 1959 (p. 179-211).

MÜLLER, Kl. E., *Geschichte der antiken Ethnographie und ethnologischen Theoriebildung*, t. II, Wiesbaden, 1980, 563 p.

NAWOTKA, K., « The Attitude towards Rome in the Political Propaganda of the Bosporan Monarchs », in *Latomus*, 48, 1989, p. 326-338.

NICOLET, Cl., *L'Inventaire du Monde. Géographie et politique aux origines de l'Empire romain*, Paris, 1988, 345 p.

PATSCH, C. L., « Arrians Periplus Ponti Euxini », in *Klio* 4, 1904, p. 68-75.

PEKÀRY, Th., « Kleinasien unter römischer Herrschaft », in *A.N.R.W.* II.7.2, 1980, p. 595-657.

PEKKANEN, T., « Procopius and the Periplus of Arrian », in *Eranos*, 62, 1964, p. 40-51.

PELHAM, H. F., « Arrian as Legate of Cappadocia », in *E.H.R.* 11, 1896, p. 625-640.

PIPPIDI, D. M. (compte rendu de l'édit. du Périple d'Arrien par Marenghi), in *Athenaeum* 36, 1958, p. 264-268.

POTRATZ, J. A. H., *Die Skythen in Südrußland. Ein Untergegangenervolk in Südosteuropa*, Bâle, 1963.

RADT, S., *Tragicorum Graecorum Fragmenta*, vol. III (*Aeschylus*), Göttingen, 1985.

RAMIN, J., *Mythologie et Géographie*, Paris, 1979, 141 p.

REDDÉ, M., *Mare Nostrum : les infrastructures, le dispositif et l'histoire de la marine militaire sous l'Empire romain* (Bibl. des Écoles frses. d'Athènes et de Rome, 260), École Française de Rome, 1986, 737 p.

REINACH, S., *Antiquités du Bosphore cimmérien*, Paris, 1892.

REUSS, F., « Zu Arrians Περίπλους Πόντου Εὐξείνου, in *Rhein. Mus.*, 56, 1901, p. 367-391.

RICE, T. T., *The Scythians*, Londres, 1961.

ROOS, A. G., (1), « Ad Vrsulum Philippum Boissevain septuagenarium epistula de Arriani Periplo Ponti Euxini », in *Mnemosyne*, 54, 1926, p. 101-117.

—, *id.*, (2), *Flauii Arriani scripta minora et fragmenta*, Leipzig, Teubner (éd. revue et corrigée par Wirth, 1968).

ROSTOVTSEFF, M., (1), *Histoire économique et sociale de l'Empire romain* (trad. de l'anglais), Paris, 1988, 780 p.

—, *id.*, (2), « Römische Besatzungen in der Krim und das Kastell Charax », in *Klio* 2, 1902, p. 80-95.

—, *id.*, (3), *Skythien und der Bosporus*, I, Berlin, 1931.

ROUGÉ, J., *La marine dans l'Antiquité*, Paris, 1975, 215 p.

SHELOV, D. B., « The Romans in the North Black Sea Area, second Century A.D. » [en russe ; résumé en anglais], in *V.D.I.*, 158, 1981, p. 52-63.

SHERK, R., (1), « Roman Geographical Exploration and Military Maps », in *A.N.R.W.* II.1, 1974, p. 534-562.

—, *id.*, (2), « Roman Galatia : The Governors from 25 B.C. to A.D. 114 », in *A.N.R.W.* II.7.2, 1980, p. 954-1052.

SILBERMAN, A., (1), « Quelques remarques sur la composition du Périple d'Arrien », in *REG* 91, 1978, p. 158-164.

—, *id.*, (2), « Arrien, 'Périple du Pont-Euxin' : Essai d'interprétation et d'évaluation des données géographiques et historiques », in *A.N.R.W.* II.34.1, 1993, p. 276-311.

SPEIDEL, M. P., « The Caucasus Frontier. Second Century Garrisons at Apsarus, Petra and Phasis », in *Studien zu den Militärgrenzen Roms*, III (13. Internationaler Limes Kongreβ, Aalen, 1983), Stuttgart, 1986, p. 657-660.

STADTER, P. A., *Arrian of Nicomedia*, Chapel Hill, 1980, 256 p.

STARR, C. G., *Roman Imperial Navy, 31 B.C.-334 A.D.*, Cambridge, 1960, 232 p.

SYME, R., (1), « Hadrian and the Vassal Princes », in *Athenaeum*, 59, 1981, p. 276.

—, *id.*, (2), « The Career of Arrian », in *Harvard Stud. in Class. Philol.*, 86, 1982, p. 171-211.

TEJA, R., « Die römische Provinz Kappadokien in der Prinzipatszeit », in *A.N.R.W.* II.7.2, 1980, p. 1083-1124.

TISCHLER, J., *Kleinasiatische Hydronomie. Semantische und morphologische Analyse der griechischen Gewässernamen*, Wiesbaden, 1977, 191 p.

TONNET, H., *Recherches sur Arrien : sa personnalité et ses écrits atticistes* (thèse dactylographiée, Paris-Sorbonne, 1979, 2 t. ; éd. Amsterdam, Hakkert, 1988, 2 vol., 1100 p.).

TREJSTER, M. J., VINOGRADOV, Ju. G., « Archaeology on the Northern Coast of the Black Sea », in *American Journal of Archaeology*, 97, 1993, p. 521-563.

VIAN, F., « Légendes et stations argonautiques du Bosphore », in R. Chevallier (éd.), *Littérature gréco-romaine et géographie historique, Mélanges offerts à R. Dion*, Paris, 1974, p. 91-104.

VIDAL-NAQUET, P., « Flavius Arrien entre deux mondes » (essai faisant suite à la trad. par P. Savinel de l'Histoire d'Alexandre d'Arrien, Paris, 1984, p. 311-394).

WACHSMUTH, D., Πόμπιμος ὁ δαίμων, *Untersuchung zu den antiken Sakralhandlungen bei Seereisen*, Berlin, 1967, 485 p. (ronéotypé).

WĄSOWICZ, A., *Olbia Pontique et son territoire*, Paris, 1975, 252 p.

WEBER, W., « The Imperial Peace », in *CAH*, 11, p. 294-324.

WERNER, R., « Geschichte des Donau-Schwarzmeerraumes im Altertum », in *Abriß der Geschichte antiker Randkulturen*, Munich, 1961.

WHEELER, E. L., *Flavius Arrianus : A Political and Military Biography*, Duke University, 1977.

WHITTAKER, G., *Les Frontières de l'Empire romain* (Annales litt. de l'Université de Besançon), Paris, 1989.

YANINE, V., FEDOROV-DAVYDOV, G., TCHERNYKH, E., CHELOV, D., « Fouilles et recherches archéologiques en URSS », éd. du Progrès, Moscou, 1985, 271 p. + 109 illustr.

YOURCENAR, M., *Mémoires d'Hadrien* (roman historique), Paris (Folio).

SIGLES

P Palatinus Heidelbergensis gr. 398, saec. IX (Arriani Periplus)
   [= Diller : A]
p Palatinus Heidelbergensis gr. 398, saec. IX (Anonymi Periplus) [= Diller : A]
l Londiniensis Add. 19391 (= Vatopedinus 655), saec. XIV
   (Anonymi Periplus) [= Diller : B]
v Vaticanus gr. 143, saec. XIV (Anonymi Periplus) [= Diller : V]

ÉDITIONS

S. Gelen, Ἀρριανοῦ περίπλους Εὐξείνου πόντου..., Basileae, 1533.

J. W. Stucki, *Arriani historici et philosophi Ponti Euxini et maris
Erythraei periplus, ad Adrianum Caesarem. Nunc primum e
graeco sermone in latinum uersus, plurimisque mendis repurga-
tus...*, Io. Guil. Stuckio Tigurino authore..., Geneuae (et Lugduni),
1577.

N. Blankaart, *N. Blancardi, Arriani Ars Tactica, Acies contra
Alanos, Periplus Ponti Euxini, Periplus Maris Erythraei, Liber de
uenatione...*, Amstelodami, 1683.

Ioan. Hudson, *Geographiae ueteris scriptores graeci minores*, vol. I,
Oxoniae, 1698.

Dem. Alexandrides, Συλλογὴ τῶν ἐν ἐπιτομῇ τοῖς πάλαι γεωγραφη-
θέντων, vol. I, Vindobonae, 1807.

Neophyt. Dukas, Ἀρριανοῦ τὰ σωζόμενα, 7 vol., Vienna, 1809-1810.

A. C. Borheck, *Flauii Arriani opera graece*, etc., vol. II, Lemgo,
1810.

J. Fr. Gail, *Geographi Graeci Minores*, vol. III, Paris, 1831.

S. F. G. Hoffmann, *Arriani periplus Ponti Euxini*, etc., Lipsiae, 1842.

C. Müller, *Arriani Anabasis et Indica* (éd. Fr. Dübner) ; *Reliqua
Arriani* (éd. C. Müller), Paris, Didot, 1846.

R. Hercher, *Arriani Nicomedensis scripta minora*, Teubner, Leipzig, 1854 ; 2ᵉ éd. par A. Eberhard, 1885.

C. Müller, *Geographi Graeci Minores*, vol. I, Paris, 1855 (Arrien, *Per. Pont. Eux.*, p. 370-401 ; Anonyme, *Per. Pont. Eux.*, p. 402-423).

C. Müller, *Fragmenta Historicorum Graecorum*, vol. V, 1ʳᵉ partie, Paris, 1870 (Anonyme, *Per. Pont. Eux.*, partie centrale, éd. princeps, p. 174-184).

A. Eberhard, voir Hercher.

A. G. Roos, *Flauii Arriani scripta minora et fragmenta*, Leipzig, 1928 (Teubner) ; edit. emendauit G. Wirth, 1968.

A. Diller, *The tradition of the Minor Greek Geographers* [American Philological Association, Philological Monographs, XIV], 1952 (contient le *Périple* anonyme [p. 118-138], mais non le *Périple* d'Arrien).

G. Marenghi, *Arriano. Periplo del Ponte Eusino* [Coll. di Studi Greci, 29], Naples, 1958.

QUELQUES TRADUCTIONS (autres que latines)

Th. Falconer, *Arrian's Voyage around the Euxine Sea translated and accompanied with a Geographical Dissertation and Maps*, Oxford, 1805.

Nic. Tommaseo, *Opere di Arriano*, vol. II, Milan, 1827.

H. Chotard, *Le Périple de la Mer Noire par Arrien*, Paris, 1860.

G. Lefranc, *En naviguant dans le passé et dans le présent*, vol. V, Paris, 1939.

A. Baschmakoff, *La synthèse des Périples pontiques. Méthode de précision en paléo-ethnologie* [Études d'Ethnographie, de Sociologie et d'Ethnologie, t. III], Paris, 1948.

ARRIEN

PÉRIPLE DU PONT-EUXIN

*Arrien à l'Empereur César Trajan Hadrien Auguste; salut![1]

1. Nous voici arrivés à Trapézonte, cité grecque, comme le dit le fameux Xénophon, établie au bord de la mer, une colonie de Sinope[2]; et cette mer, l'Euxin, c'est avec joie que nous l'avons contemplée juste du même endroit que Xénophon et toi[3]. [2] Pour les autels, ils sont maintenant érigés, mais dans une pierre grossière, aussi les caractères gravés n'y sont-ils pas bien visibles; et l'inscription en grec est de surcroît fautive, ayant été faite par des Barbares. J'ai donc décidé de faire élever les autels en marbre blanc et graver les inscriptions en caractères qui fussent bien apparents[4]. [3] Quant à ta statue, si elle se dresse dans une attitude heureuse (elle montre la mer)[5], pour la facture elle n'est ni ressemblante, ni d'ailleurs belle[6]; [4] aussi envoies-en une qui soit digne de porter ton nom, dans cette même attitude; car ce lieu convient parfaitement pour un monument impérissable.

2. Le temple aussi est bâti, en pierre de taille; il n'est pas laid; mais l'effigie d'Hermès n'est digne ni du temple, ni du lieu lui-même. Si tu le veux bien, envoie-moi une effigie d'Hermès d'environ cinq pieds, car ainsi sa taille sera, à mon avis, proportionnée au temple, et une autre de

[Les références à l'auteur anonyme [Anon.] d'un *Périple du Pont-Euxin*, ainsi que celles à Ménippe de Pergame [Ménippe] dans l'*Épitomé* de Marcien d'Héraclée, renvoient à l'édition Diller. Les références à Ps.-Scylax, à l'éd. Müller (*GGM* I)].

* *Titulus* : Ἀρριανοῦ ἐπιστολὴ πρὸς Τραϊανόν · ἐν ᾗ καὶ περίπλους Εὐξείνου Πόντου. Le nom d'Hadrien ne figure ni ici, ni dans la *subscriptio*; mais le destinataire ne fait aucun doute : cf. l'adresse de la lettre Καίσαρι Τραϊανῷ Ἀδριανῷ Σεβαστῷ; les témoignages de Dion Cass. LXIX, 15, et de Procope, *B. Goth.*, III, p. 320; l'annonce de la mort de Cotys (17, 3 et note).

1-6. *Notes complémentaires*, p. 23-24.

ΑΡΡΙΑΝΟΥ

ΠΕΡΙΠΛΟΥΣ ΕΥΞΕΙΝΟΥ ΠΟΝΤΟΥ

Αὐτοκράτορι Καίσαρι Τραϊανῷ Ἀδριανῷ Σεβαστῷ Ἀρριανὸς χαίρειν.

1. Εἰς Τραπεζοῦντα ἥκομεν, πόλιν Ἑλληνίδα, ὡς λέγει ὁ Ξενοφῶν ἐκεῖνος, ἐπὶ θαλάττῃ ᾠκισμένην, Σινωπέων ἄποικον· καὶ τὴν μὲν θάλασσαν τὴν τοῦ Εὐξείνου ἄσμενοι κατείδομεν ὅθενπερ καὶ Ξενοφῶν καὶ σύ. 2 Καὶ οἱ βωμοὶ ἀνεστᾶσιν ἤδη, λίθου μέντοι γε τοῦ τραχέος, καὶ τὰ γράμματα διὰ τοῦτο οὐκ εὔδηλα κεχάρακται· τὸ δὲ Ἑλληνικὸν ἐπίγραμμα καὶ ἡμαρτημένως γέγραπται, οἷα δὴ ὑπὸ βαρβάρων γραφέν. Ἔγνωκα οὖν τούς τε βωμοὺς λίθου λευκοῦ ἀναθεῖναι, καὶ τὰ ἐπιγράμματα ἐγχαράξαι εὐσήμοις τοῖς γράμμασιν. 3 Ὁ μὲν γὰρ ἀνδριὰς ἕστηκεν ὁ σὸς τῷ μὲν σχήματι ἡδέως (ἀποδείκνυσιν γὰρ τὴν θάλατταν), τὴν δὲ ἐργασίαν οὔτε ὅμοιός σοι οὔτε ἄλλως καλός· 4 ὥστε πέμψον ἀνδριάντα ἄξιον ἐπονομάζεσθαι σὸν ἐν τῷ αὐτῷ τούτῳ σχήματι· τὸ γὰρ χωρίον ἐπιτηδειότατον εἰς μνήμην αἰώνιον.

2. Πεποίηται δὲ καὶ ὁ νεὼς λίθου τετραγώνου οὐ φαῦλος· ἀλλὰ τὸ τοῦ Ἑρμοῦ ἄγαλμα οὔτε τοῦ νεὼ ἄξιόν ἐστιν, οὔτε αὐτοῦ τοῦ χωρίου. Εἰ δέ σοι δοκεῖ, πέμψον μοι πεντάπουν μάλιστα Ἑρμοῦ ἄγαλμα, τηλικοῦτον γάρ μοι δοκεῖ ἔσεσθαι ὥς γε πρὸς τὸν νεὼν σύμμετρον, καὶ ἄλλο

TITULUS : Ἀρριανοῦ — Πόντου 8r 35 ‖ Αὐτοκράτορι — Ἀρριανός 8r 37.

TEST. 1 1 : Τραπεζοῦς — ᾠκισμένη 9r 32-33 (36, l. 36-37).

Titulus : Ἀρριανοῦ ἐπιστολὴ πρὸς Τραϊανόν· ἐν ᾗ καὶ περίπλους Εὐξείνου Πόντου P (post Τραϊανὸν add. Ἀδριανόν Gel.)

1 1 κατείδομεν Hoffmann : -ίδομεν P ‖ 2 1 ὥς γε Stucki : ὥστε P.

Philésios, de quatre pieds ; [2] en effet, il n'est pas
malséant, selon moi, de le voir partager même temple et
même autel avec son ancêtre, et tel sacrifiera à Hermès, tel
autre à Philésios, tel autre encore aux deux, en passant. Et
les uns comme les autres seront agréables à Hermès
comme à Philésios ; à Hermès parce que c'est son
descendant qu'ils honorent, à Philésios parce que c'est son
ancêtre [7]. [3] Ainsi j'ai moi aussi sacrifié un bœuf en ce
lieu, non point comme Xénophon [8], qui, lui, au port de
Calpè, détacha d'un chariot un bœuf faute de victimes,
mais grâce aux Trapézontins qui me procurèrent eux-
mêmes une victime sans défauts. Là, nous consultâmes les
entrailles, puis nous fîmes sur celles-ci une libation. [4] À
qui allaient d'abord nos vœux de prospérité, tu ne
l'ignores pas, toi qui n'es pas sans connaître nos senti-
ments et qui sais bien que tu mérites d'être celui en faveur
de qui tous peuvent en formuler, même ceux qui moins
que moi ont de part à tes bienfaits [9].

3. Partis de Trapézonte, nous abordâmes le premier
jour au port d'Hyssos [10] et nous fîmes faire l'exercice à
l'infanterie locale ; car ce détachement, comme tu le sais,
est composé de fantassins avec aussi vingt cavaliers pour le
service seulement ; mais il leur fallut, à eux aussi, lancer
leurs javelines [11]. [2] De là nous naviguâmes tout d'abord
avec les brises qui soufflent des fleuves à l'aurore, et tout
en nous aidant des rames ; car les brises, bien que fraîches,
comme le dit aussi Homère [12], ne suffisaient pas cependant
pour des gens voulant faire une course rapide [13]. Ensuite
survint un calme plat, de sorte que, nous aussi [14], nous
n'avions recours qu'à la force des rames. [3] Et puis,
soudain, une nuée se levant creva en plein du côté de
l'euros et dirigea sur nous un vent violent et juste de front
— ce fut bien la seule chose qui nous aida [15] ; en effet, s'il
creusa en peu de temps la mer au point que, passant non
seulement par les sabords des rames mais même par-dessus
les plates-formes de nage [16], de l'eau nous arrivait abondamment de chaque côté [17] [4] (comme le dit ce vers

7-17. *Notes complémentaires*, p. 24-25.

τοῦ Φιλησίου τετράπουν· 2 οὐ γὰρ ἀπὸ τρόπου δοκεῖ
μοι σύνναος καὶ σύμβωμος ἔσεσθαι τῷ προπάτορι, καὶ ὁ
μέν τις τῷ Ἑρμῇ, ὁ δὲ τῷ Φιλησίῳ, ὁ δὲ καὶ ἀμφοῖν θύσει
παριών. Χαριοῦνται δὲ καὶ οὗτοι κἀκεῖνοι τῷ τε Ἑρμῇ καὶ
τῷ Φιλησίῳ, τῷ μὲν Ἑρμῇ ὅτι τὸν ἔγγονον αὐτοῦ τιμῶσιν,
τῷ δὲ Φιλησίῳ ὅτι τὸν αὐτοῦ προπάτορα. 3 Ὡς ἔγωγε
καὶ ἐβουθύτησα ἐνταῦθα, οὐχ ὥσπερ ὁ Ξενοφῶν ἐκεῖνος
ἐν Κάλπης λιμένι ὑφ' ἁμάξης βοῦν λαβὼν δι' ἀπορίαν
ἱερείων, ἀλλὰ τῶν Τραπεζουντίων αὐτῶν παρασκευα-
σάντων ἱερεῖον οὐκ ἀγενές. Καὶ ἐσπλαγχνευσάμεθα
αὐτόθι καὶ ἐπὶ τοῖς σπλάγχνοις ἐπεσπείσαμεν. 4 Ὅτῳ δὲ
πρώτῳ τἀγαθὰ ηὐχόμεθα, οὐ λανθάνομέν σε τόν τε
τρόπον τὸν ἡμέτερον οὐκ ἀγνοοῦντα καὶ σαυτῷ συνειδό-
τα ὅτι ἄξιος εἶ ὑπὲρ ὅτου πάντες εὔξαιντο τἀγαθὰ καὶ
ὅσοι ἡμῶν ἔλαττον ὑπὸ σοῦ εὖ πεπόνθασιν.

3. Ἐκ Τραπεζοῦντος δὲ ὁρμηθέντες τῇ μὲν πρώτῃ εἰς
Ὕσσου λιμένα κατήραμεν καὶ τοὺς πεζοὺς τοὺς ταύτῃ
ἐγυμνάσαμεν· ἡ γὰρ τάξις αὕτη, ὡς οἶσθα, πεζῶν ἐστιν
καὶ ἱππέας εἴκοσιν ὅσον εἰς διακονίαν ἔχει· ἀλλὰ
καὶ τούτους τὰς λόγχας ἀκοντίσαι ἐδέησεν. 2 Ἐνθένδε
ἐπλέομεν τὰ μὲν πρῶτα ταῖς αὔραις ταῖς ἐκ τῶν ποταμῶν
πνεούσαις ἕωθεν καὶ ἅμα ταῖς κώπαις διαχρώμενοι·
ψυχραὶ μὲν γὰρ ἦσαν αἱ αὖραι, ὡς λέγει καὶ Ὅμηρος, οὐχ
ἱκαναὶ δὲ τοῖς ταχυναυτεῖν βουλομένοις. Εἶτα γαλήνη
ἐπέλαβεν, ὥστε καὶ ἡμεῖς τῇ εἰρεσίᾳ μόνῃ ἐχρώμεθα.
3 Ἔπειτα δὲ ἄφνω νεφέλη ἐπαναστᾶσα ἐξερράγη κατ'
εὖρον μάλιστα, καὶ ἐπήνεγκεν πνεῦμα ἐξαίσιον καὶ τοῦτο
ἀκριβῶς ἐναντίον, ὅπερ καὶ μόνον ὤνησεν ἡμᾶς· κοίλην
μὲν γὰρ δι' ὀλίγου τὴν θάλατταν ἐποίησεν, ὡς μὴ κατὰ
τὰς κώπας μόνον ἀλλὰ καὶ ὑπὲρ τὰς παρεξειρεσίας
ἐπεισρεῖν ἡμῖν ἑκατέρωθεν ἀφθόνως τοῦ ὕδατος, 4 τοῦτο
δὴ τὸ τραγικόν,

tragique[18] : « — Nous l'écopions, mais toujours elle rentrait »), la houle toutefois ne venait pas par le travers. Ainsi nous progressions non sans mal ni sans peine à la force des rames; et cependant, après bien des traverses, nous parvînmes à Athènes.

4. Il y a également, en effet, dans le Pont-Euxin un lieu ainsi nommé, et il s'y trouve même un temple grec d'Athèna dont ce lieu, à mon avis, tire aussi son nom; il y a encore une forteresse abandonnée[19]. [2] Le mouillage peut, pendant la belle saison, accueillir des navires en petit nombre et leur offrir un refuge à l'abri du notos et même de l'euros[20] ; il peut aussi protéger du borée les bateaux au mouillage, mais assurément pas de l'aparkias, ni du vent appelé thraskias dans le Pont, skiron en Grèce[21]. [3] À la nuit tombante les claquements du tonnerre et les éclairs régnaient en maîtres[22] et le vent n'était plus le même; il avait tourné au notos, puis en peu de temps du notos au libs[23], et les navires n'étaient plus en sécurité au mouillage. [4] Aussi, avant que la mer ne se déchaînât tout à fait, nous tirâmes au sec à l'endroit même tous ceux que cette localité d'Athènes pouvait accueillir, sauf la trière; celle-ci, en effet, mouillant à l'abri d'un rocher, était à l'ancre en lieu sûr[24].

5. Le gros des navires, on décida de le diriger sur les plages voisines pour le tirer au sec. Ce qui fut fait, si bien que tous s'en tirèrent sans dommages, sauf un, que la vague, au moment de l'accostage, alors que, virant trop tôt, il se présentait de flanc, souleva, jeta au rivage et fracassa. [2] Tout cependant fut sauvé, non seulement les voiles, le gréement et les hommes, mais même les clous, et la poix fut raclée, de telle sorte qu'il ne manquait rien d'autre pour la construction que les bois d'œuvre, dont

18-24. *Notes complémentaires*, p. 26-27.

« Καὶ τὴν μὲν ἐξηντλοῦμεν, ἢ δ' ἐπεισέρρει »,
ἀλλ' οὐ πλάγιόν γε ἦν τὸ κλυδώνιον. Ταύτη καὶ
ἠνύτομεν μόγις καὶ χαλεπῶς τῇ εἰρεσίᾳ, καὶ μέντοι
πολλὰ παθόντες ἥκομεν εἰς τὰς Ἀθήνας.

4. Ἔστιν γάρ τοι καὶ ἐν Πόντῳ τῷ Εὐξείνῳ χωρίον
οὕτω καλούμενον, καί τι καὶ Ἀθηνᾶς ἱερόν ἐστιν αὐτόθι
Ἑλληνικόν, ὅθεν μοι δοκεῖ καὶ τὸ ὄνομα εἶναι τοῦτο τῷ
χωρίῳ, καὶ φρούριόν τι ἐστὶν ἠμελημένον. 2 Ὁ δὲ ὅρμος
οἷος ὥρᾳ ἔτους δέχεσθαι οὐ πολλὰς ναῦς καὶ σκέπην
ταύταις παρέχειν ἀπὸ νότου ἀνέμου καὶ αὐτοῦ τοῦ
εὔρου· σῴζοιτο δ' ἂν καὶ τοῦ βορρᾶ τὰ ὁρμοῦντα πλοῖα,
ἀλλὰ οὐ τοῦ γε ἀπαρκίου οὐδὲ τοῦ θρασκίου μὲν ἐν τῷ
Πόντῳ, σκίρωνος δὲ ἐν τῇ Ἑλλάδι καλουμένου. 3 Εἰς δὲ
τὴν νύκτα βρονταί τε σκληραὶ καὶ ἀστραπαὶ κατεῖχον,
καὶ πνεῦμα οὐ τὸ αὐτὸ ἔτι, ἀλλὰ εἰς νότον μεθειστήκει,
καὶ δι' ὀλίγου ἀπὸ τοῦ νότου εἰς λίβα ἄνεμον, καὶ ταῖς
ναυσὶν οὐκέτι ἀσφαλὴς ὁ ὅρμος ἦν. 4 Πρὶν οὖν παντάπα-
σιν ἀγριωθῆναι τὴν θάλασσαν, ὅσας μὲν αὐτὸ τὸ χωρίον
αἱ Ἀθῆναι δέξασθαι ἠδύναντο, ταύτας αὐτοῦ ἐνεωλ-
κήσαμεν, πλὴν τῆς τριήρους· αὕτη γὰρ πέτρᾳ τινὶ
ὑφορμοῦσα ἀσφαλῶς ἐσάλευεν.

5. Τὰς δὲ πολλὰς ἐδόκει πέμπειν εἰς τοὺς αἰγιαλοὺς
τοὺς πλησίον νεωλκηθησομένας. Καὶ ἐνεωλκήθησαν ὥστε
ἀπαθεῖς διαγενέσθαι πάσας πλὴν μιᾶς, ἥντινα ἐν τῷ
ὁρμίζεσθαι πρὸ τοῦ καιροῦ ἐπιστρέψασαν πλαγίαν ὑπο-
λαβὸν τὸ κῦμα ἐξήνεγκεν εἰς τὴν ἠϊόνα καὶ συνέτριψεν.
2 Ἀπεσώθη μέντοι πάντα, οὐ τὰ ἱστία μόνον καὶ τὰ
σκεύη τὰ ναυτικὰ καὶ οἱ ἄνθρωποι, ἀλλὰ καὶ οἱ ἧλοι, καὶ
ὁ κηρὸς ἀπεξύσθη, ὡς μηδενὸς ἄλλου ἢ ξύλων δεῖσθαι

---

4 1-2 : Ἔστι γὰρ — καλουμένου 9r 40-42 (39, l. 20-29); cf. St. Byz.
s.v. Ἀθῆναι· ἔστι δὲ καὶ ἐν τῷ Εὐξείνῳ πόντῳ χωρίον Ἀθῆναι ὡς
Ἀρριανός (contra, Procop., B.G., IV, 2, 10).

4 2 ἀπαρκίου P Roos : -κτίου l v edd. post Stucki.

il y a, comme tu le sais, une très grande abondance dans tout le Pont[25]. [3] Cette tempête dura deux jours et nous étions contraints de rester sur place. C'est donc qu'il ne nous fallait pas passer devant Athènes, fût-elle du Pont, comme devant un quelconque mouillage désert et anonyme[26].

6. De là ayant levé l'ancre vers l'aurore, nous nous trouvions aux prises avec des vagues qui arrivaient par le travers; mais, le jour avançant, le souffle favorable d'un léger borée apaisa la mer et la rendit tout à fait immobile[27]. Et nous fîmes avant le milieu du jour plus de 250 stades[28] jusqu'à Apsaros[29], où les cinq cohortes sont cantonnées[30]. [2] J'ai remis leur solde aux hommes, passé en revue les armes, le rempart, le fossé, les malades et les approvisionnements de vivres qui s'y trouvaient[31]. Mon sentiment là-dessus, il est consigné dans la lettre en latin[32]. [3] Quant au territoire d'Apsaros, il s'appelait, dit-on, Apsyrtos au temps jadis; car c'est là qu'Apsyrtos aurait péri victime de Médée, et l'on y montre un tombeau d'Apsyrtos. Ensuite le nom aurait été altéré par les Barbares d'alentour, tout comme beaucoup d'autres aussi le sont[33]; [4] ainsi également Tyana, en Cappadoce, qui, dit-on, était nommée Thoana d'après Thoas, le roi des Taures qui, à la poursuite d'Oreste et de Pylade, parvint, à ce qu'on raconte, jusqu'en ce pays et y mourut de maladie[34].

25. Sur la poix de calfatage : Pline, XVI, 56 ; Procop., *B. Pers.*, I, 19, 23. Poix et cire étaient employées pour le calfatage et comme couche de protection extérieure (Pline, XXXV, 149) ; voir Casson, 211, et n. 46, 47. — L'abondance du bois d'œuvre dans le Pont est un lieu commun et une réalité : Xén., *Anab.*, VI, 4, 4 ; Strab., XII, 3, 12, etc. Cf. L. Robert, *Documents d'Asie Mineure*, *B.C.H.* 101 (1977), 59 sq., et 102 (1978), 426-428. Cette région était aussi connue pour fournir de la poix et de la cire : Strab., XI, 2, 17 ; cf. Lordkipanidze (5), 205.

26. L'attachement d'Hadrien à Athènes (dont il fut archonte en 111-112) est bien connu ; voir aussi plus loin, à propos de Phasianè. Cf. Vidal-Naquet, 324 ; Stadter, 15.

27. διατρεμῆσαι : *hapax.*

28-34. *Notes complémentaires*, p. 27-28.

ναυπηγησίμων εἰς τὴν κατασκευήν, ὧν παμπόλλη, ὡς
οἶσθα, ἀφθονία ἐστὶν κατὰ τὸν Πόντον. 3 Οὗτος ὁ χειμὼν
ἐπὶ δύο ἡμέρας κατεῖχεν, καὶ ἦν ἀνάγκη μένειν. Ἐχρῆν
γὰρ ἄρα μηδὲ τὰς ἐν τῷ Πόντῳ Ἀθήνας παραπλεῦσαι
ἡμᾶς ὥσπερ τινὰ ὅρμον ἔρημον καὶ ἀνώνυμον. 6. Ἐνθένδε ἄραντες ὑπὸ μὲν τὴν ἕω πλαγίου τοῦ
κλύδωνος ἐπειρώμεθα, προϊούσης δὲ τῆς ἡμέρας βορρᾶς
ἐπιπνεύσας ὀλίγος κατέστησε τὴν θάλατταν καὶ διατρεμῆσαι ἐποίησεν. Καὶ ἤλθομεν πρὸ τῆς μεσημβρίας
σταδίους πλείονας ἢ πεντ⟨ήκοντα καὶ δι⟩ακοσίους εἰς
Ἄψαρον, ἵναπερ αἱ πέντε σπεῖραί εἰσιν ἱδρυμέναι. 2 Καὶ
τὴν μισθοφορὰν τῇ στρατιᾷ ἔδωκα καὶ τὰ ὅπλα εἶδον καὶ
τὸ τεῖχος καὶ τὴν τάφρον καὶ τοὺς κάμνοντας καὶ τοῦ
σίτου τὴν παρασκευὴν τὴν ἐνοῦσαν. Ἥντινα δὲ ὑπὲρ
αὐτῶν τὴν γνώμην ἔσχον, ἐν τοῖς Ῥωμαϊκοῖς γράμμασιν
γέγραπται. 3 Ὁ δὲ Ἄψαρος τὸ χωρίον λέγουσιν ὅτι
Ἄψυρτος ἐκαλεῖτο πάλαι ποτέ· ἐνταῦθα γὰρ τὸν Ἄψυρτον ὑπὸ τῆς Μηδείας ἀποθανεῖν, καὶ τάφος Ἀψύρτου
δείκνυται. Ἔπειτα διαφθαρῆναι τὸ ὄνομα ὑπὸ τῶν πε-
ριοίκων βαρβάρων, καθάπερ καὶ ἄλλα πολλὰ διέφθαρ-
ται· 4 ὁπότε καὶ τὰ Τύανα τὰ ἐν τοῖς Καππαδόκαις
Θόανα λέγουσιν ὅτι ὠνομάζετο ἐπὶ Θόαντι τῷ βασιλεῖ
τῶν Ταύρων, ὃς τοὺς ἀμφὶ Ὀρέστην καὶ Πυλάδην διώκων
ἄχρι τῆσδε τῆς χώρας ἐλθεῖν φημίζεται καὶ ἐνταῦθα νόσῳ
ἀποθανεῖν.

6 3-4 : Ὁ δὲ Ἄψαρος — ἀποθανεῖν 9r 45-9v 2 (41, l. 39 p. 411 —
l. 8 p. 412) ; cf. Procop., B.G., IV, 2, 11-12 ; cf. St. Byz. s.v. Τύανα ·
ἐκαλεῖτο δὲ Θόανα καὶ κατὰ παραγραμματισμὸν Τύανα, ὡς Ἀρριανός.

5 3 μηδὲ edd. : μὴ δὲ P ‖ 6 1 διατρεμῆσαι P [hapax] : δὴ ἀτρεμῆσαι
Herch. ἀτρεμῆσαι Raderm. (Rh. Mus. 50, 1895, 478) ‖ πεντήκοντα καὶ
διακοσίους Müll. (cf. p. 108 : « nam fieri non potuit ut ante meridiem,
idque mari et uento non fauente, Arrianus 500 stadiorum iter
perficeret, deinde uero ab Athenis usque ad Apsarum 280 stadia recte
computantur ») Roos Marenghi : πεντακοσίους P.

7. Les fleuves devant lesquels nous passâmes au cours de notre cabotage depuis Trapézonte sont l'Hyssos, dont le port d'Hyssos tire son nom, distant de Trapézonte de 180 stades [35]; l'Ophis [36], distant du port d'Hyssos de 90 stades environ et séparant le pays des Colques de la Thiannique [37]. [2] Ensuite le fleuve appelé Psychros [38], distant d'à peu près 30 stades de l'Ophis. Ensuite le Calos [39]; lui aussi est distant de 30 stades du Psychros. Puis voisin du Psychros il y a le Rhizios [40] à 120 stades de distance du Calos. [3] Et de là, à 30 stades, l'Ascouros [41], un autre fleuve, et un fleuve Adiénos à 60 de l'Ascouros [42]; d'ici à Athènes [43], 180 stades. Puis, tout près d'Athènes il y a le fleuve Zagatis [44], qui en est distant de 7 stades environ. Après avoir quitté Athènes nous passâmes devant le Prytanis [45], où se trouve aussi la résidence royale d'Anchialos [46]. Ce fleuve est distant de 40 stades d'Athènes. [4] Puis, venant après le Prytanis, il y a le fleuve Pyxitès [47]; entre les deux 90 stades. Du Pyxitès à l'Archabis [48] encore 90, et de l'Archabis à l'Apsaros 60. Au départ d'Apsaros [49] nous passâmes de nuit devant l'Acampsis [50], à

35. L'Hyssos et le port d'Hyssos : cf. n. 10.
36. Ὄφις : Anon. : Ὀφιοῦς (9r 34), d'après Ménippe (cf. Diller, 154), qui n'est donc pas ici la source d'Arrien. Rav., 101, 12; 366, 12 : *Officiunte*; *Tab. Peut.*, X, 2-3 : *Opiunte*. Auj. l'Ofi.
37. Sur l'état le plus ancien de la Colchide, cf. Lordkipanidze (4), en particulier : 259-260; et, du même (6), en part. : 899, 908, 910, 913-915. Les Colchidiens occupaient la côte entre l'Apsaros et Dioscurias (jusqu'à Pityus selon Strab., XI, 2, 14); cf. Ps.-Scyl., 81. — Alors que Strab., XII, 3, 17, fait partir la Colchide des environs de Trapézonte (comme Arrien, *Pér.*, 11, 1 et Xén., *Anab.*, IV, 8, 22; V, 2, 1 sq.), Arrien la limite, à l'est, à l'Ophis, qui la séparait de la Thiannique (erreur dans Diehl, *RE* suppl. VI (1935), *s.v.* « Thiannica », 1284-1285). Or, en 11, 1, Arrien assimile les Drilles de Xénophon (vraisemblablement à l'est des Kolchoi : *Anab.*, V, 2, 1) aux Sannoi. On est donc tenté de dériver le nom de Thiannikè (par ailleurs inconnu) de celui des Sannoi (voir 11, 1 et les n.; cf. Baschmakoff, 61, n. 1). Ce morceau de côte entre Trapézonte et l'Ophis où seraient établis des Colchidiens, témoigne sans doute d'une extension ancienne de ce peuple (Xén., *Anab.*, V, 3, 2 : jusqu'à Kerasous), bien au-delà vers l'ouest de son habitat primitif (cf. Lordkipanidze (1), 45, n. 7). Voir aussi la n. 75.
38-50. *Notes complémentaires*, p. 28-29.

7. Ποταμοὺς δὲ παρημείψαμεν ἐν τῷ παράπλῳ τῷ ἀπὸ
Τραπεζοῦντος τόν τε Ὕσσον, ὅτου ἐπώνυμος Ὕσσου
λιμήν, ὃς ἀπέχει Τραπεζοῦντος σταδίους ὀγδοήκοντα
καὶ ἑκατόν, καὶ τὸν Ὄφιν, ὃς ἀπέχει Ὕσσου λιμένος ἐς
ἐνενήκοντα σταδίους μάλιστα καὶ ὁρίζει τὴν Κόλχων
χώραν ἀπὸ τῆς Θιαννικῆς. 2 Ἔπειτα τὸν Ψυχρὸν καλούμενον ποταμὸν διέχοντα ὅσον τριάκοντα σταδίους ἀπὸ
τοῦ Ὄφεως. Ἔπειτα τὸν Καλὸν ποταμόν· καὶ οὗτος
τριάκοντα διέχει ἀπὸ τοῦ Ψυχροῦ. Ἐχόμενος δὲ τοῦ
Ψυχροῦ ἐστιν ὁ Ῥίζιος ποταμός, ἑκατὸν εἴκοσι στάδια
διέχων ἀπὸ τοῦ Καλοῦ. 3 Καὶ ἀπὸ τούτου τριάκοντα
Ἄσκουρος ἄλλος ποταμός, καὶ Ἀδιηνός τις ἀπὸ τοῦ
Ἀσκούρου ἑξήκοντα· ἐνθένδε εἰς Ἀθήνας ὀγδοήκοντα
καὶ ἑκατόν. Ταῖς δὲ Ἀθήναις Ζάγατις ποταμὸς ἑπτὰ
μάλιστα στάδια ἀπ' αὐτῶν διέχων πρόσκειται. Ἀπὸ δὲ
τῶν Ἀθηνῶν ὁρμηθέντες τὸν Πρύτανιν παρημείψαμεν,
ἵναπερ καὶ τὰ Ἀγχιάλου βασίλειά ἐστιν. Καὶ οὗτος
ἀπέχει τεσσαράκοντα στάδια ἀπὸ τῶν Ἀθηνῶν. 4 Τοῦ
Πρυτάνεως δὲ ἔχεται ὁ Πυξίτης ποταμός· στάδιοι ἐνενήκοντα ἐν μέσῳ ἀμφοῖν. Καὶ ἀπὸ τοῦ Πυξίτου ἐς Ἄρχαβιν
ἄλλοι ἐνενήκοντα, ἀπὸ δὲ Ἀρχάβιος εἰς Ἄψαρον ἑξήκοντα. Ἀπὸ δὲ Ἀψάρου ἄραντες τὸν Ἄκαμψιν παρημείψαμεν νύκτωρ, ἐπὶ πεντεκαίδεκα σταδίους ἀπέχοντα τοῦ

7 1 : διορίζει — Θιανιτικῆς 9r 35 (38, 1. 4-6) || 7 2-3 : cf. εἰς Ψυχρὸν
— Ἀδιηνὸν ποταμὸν σταδ ξ 9r 37-39 (38, 1. 8 — 39, 1. 16) || 7 3-4 : cf.
Ἀπὸ δὲ Ἀθηνῶν — εἰς Ἄψαρον ποταμὸν σταδ ξ 9r 43-45 (40, 1. 30-
38) || 7 4-8 1 : cf. Ἀπὸ δὲ Ἀψάρου — εἰς Φᾶσιν ποταμὸν σταδ ζ 9v 4-7
(42, 2).

7 1 Θιαννικῆς P : Θιανιτικῆς l v || 7 2 Ὄφεως Stucki : Ὄφεος P
Ὄφιος Herch. || 7 3 Ἄσκουρος P : εἰς Ἀσκούρναν l v || Ἀσκούρου
Stucki : Ἀσκουρα (sic) P -κούρνου l -κούρνα v || 7 4 Ἀρχάβιος P :
-βεως l v || ἐπὶ P : ἐς Herch. Roos.

environ 15 stades de distance de l'Apsaros. [5] Puis le fleuve Bathys [51] est à 75 stades de celui-ci, l'Akinasès [52] à 90 du Bathys, et à 90 aussi de l'Akinasès l'Isis [53]. L'Acampsis comme l'Isis sont navigables, et les brises qui en viennent le matin sont fortes [54]. Après l'Isis nous passâmes devant le Môgros [55] ; il y a 90 stades entre le Môgros et l'Isis. Celui-là aussi est navigable.

8. Ensuite nous pénétrâmes dans le Phase [56], distant du Môgros de 90 stades et offrant, des fleuves que je connais, l'eau la plus légère et, pour la couleur, la plus singulière. [2] Pour la légèreté, on pourrait en apporter la preuve par la pesée et, avant cela, par le fait que son eau surnage à la surface de la mer et ne se mélange pas, tout comme le Titarésios dont Homère dit qu'il « coule comme de l'huile au-dessus » du Pénée [57]. [3] Et l'on pouvait, en puisant à la surface du courant, en tirer une eau qui était douce, mais salée si l'on plongeait la cruche en profondeur. Au reste, le Pont tout entier a une eau sensiblement plus douce que la mer Extérieure ; les fleuves en sont la cause, étant innombrables et immenses [58]. [4] Et la preuve de cette douceur, s'il est besoin de preuves pour les phénomènes sensibles, c'est que ceux qui habitent au voisinage de la mer y font descendre tous leurs bestiaux pour les y abreuver ; ceux-ci boivent avec un plaisir évident, et l'on affirme que ce breuvage leur est même plus salutaire que l'eau douce. [5] Pour la couleur du Phase, c'est celle de l'eau qui aurait pris la teinte du plomb ou de l'étain ; mais, quand elle repose, cette eau devient très pure. Aussi est-il interdit par l'usage, à qui pénètre dans le Phase, d'y

51. Pline, VI, 12 : *Acampseon, Isis, Mogrus, Bathys.* La *Tab. Peut.* l'appelle *Portus altus* (trad. de βαθύς) et le situe à quatre mille de l'Apsaros et à douze mille de l'Isis. Ce fleuve doit se trouver aux environs de Batoum. Cf. Tomaschek, *RE* II (1899), *s.v.*, n° 1, 139.

52. Anon., 9v 5 : Κίνασος. Auj. le Chinos Çay (Danoff, 928), au sud de Kobouleti.

53. Ps.-Scyl., 81 ; Pline, VI, 12 ; Anon., 9v 6 ; *Tab. Peut.*, X, 5. Ce serait auj. le Natanebi. Cf. Ruge, *RE* IX (1916), *s.v.*, n° 2, 2132.

54. Remarque caractéristique d'un Périple.

55-58. *Notes complémentaires*, p. 29.

'Αψάρου. 5 Ὁ δὲ Βαθὺς ποταμὸς ἑβδομήκοντα καὶ πέντε ἀπέχει τούτου, καὶ ὁ Ἀκινάσης ἀπὸ τοῦ Βαθέος ἐνενήκοντα, ἐνενήκοντα δὲ καὶ ἀπὸ Ἀκινάσου ὁ Ἶσις. Ναυσίποροι δέ εἰσιν ὅ τε Ἄκαμψις καὶ ὁ Ἶσις, καὶ αὔρας τὰς ἑωθινὰς ἰσχυρὰς ἐκπέμπουσιν. Ἀπὸ δὲ Ἴσιος τὸν Μῶγρον παρημείψαμεν· ἐνενήκοντα στάδιοι μεταξὺ τοῦ Μώγρου εἰσὶν καὶ τοῦ Ἴσιος. Καὶ οὗτος ναυσίπορος.

8. Ἐνθένδε εἰς τὸν Φᾶσιν εἰσεπλεύσαμεν ἐνενήκοντα τοῦ Μώγρου διέχοντα, ποταμῶν ὧν ἐγὼ ἔγνων κουφότατον ὕδωρ παρεχόμενον καὶ τὴν χροιὰν μάλιστα ἐξηλλαγμένον. 2 Τὴν μὲν γὰρ κουφότητα τῷ τε σταθμῷ τεκμαίροιτο ἄν τις, καὶ πρὸ τούτου, ὅτι ἐπιπλεῖ τῇ θαλάσσῃ, οὐχὶ δὲ συμμίγνυται, καθάπερ τῷ Πηνειῷ τὸν Τιταρήσιον λέγει ἐπιρρεῖν Ὅμηρος « καθύπερθεν ἠΰτ᾽ ἔλαιον.» 3 Καὶ ἦν κατὰ μὲν τοῦ ἐπιρρέοντος βάψαντα γλυκὺ τὸ ὕδωρ ἀνιμήσασθαι, εἰ δὲ εἰς βάθος τις καθῆκεν τὴν κάλπιν, ἁλμυρόν. Καίτοι ὁ πᾶς Πόντος πολύ τι γλυκυτέρου τοῦ ὕδατός ἐστιν ἤπερ ἡ ἔξω θάλασσα· καὶ τούτου τὸ αἴτιον οἱ ποταμοί εἰσιν, οὔτε πλῆθος οὔτε μέγεθος σταθμητοὶ ὄντες. 4 Τεκμήριον δὲ τῆς γλυκύτητος, εἰ τεκμηρίων δεῖ ἐπὶ τοῖς αἰσθήσει φαινομένοις, ὅτι πάντα τὰ βοσκήματα οἱ προσοικοῦντες τῇ θαλάσσῃ ἐπὶ τὴν θάλασσαν κατάγουσιν καὶ ἀπ᾽ αὐτῆς ποτίζουσιν· τὰ δὲ πίνοντά τε ἡδέως ὁρᾶται, καὶ λόγος κατέχει ὅτι καὶ ὠφέλιμον αὐτοῖς τοῦτο τὸ ποτόν ἐστιν τοῦ γλυκέος μᾶλλον. 5 Ἡ δὲ χρόα τῷ Φάσιδι οἷα ἀπὸ μολίβδου ἢ καττιτέρου βεβαμμένου τοῦ ὕδατος· καταστὰν δὲ καθαρώτατον γίγνεται. Οὐ τοίνυν νενόμισται εἰσκομίσαι ὕδωρ εἰς τὸν Φᾶσιν τοὺς εἰσπλέοντας, ἀλλ᾽ ἐπειδὰν εἰσβάλλω-

8 1 : Πάνυ — ὕδωρ 9v 12 (42, 5, l. 1) ‖ 8 2 : ἐπιπλεῖ — συμμίγνυται 9v 12 (42, 5, l. 1-2) ‖ 8 3-5 : καὶ ἔστι μὲν — μεταβάλλει 9v 12-18 (42, 5, l. 2-22).

7 5 Ἀκινάσης Gail : Ἀκινασις (sic) P εἰς Κινάσον l ‖ Ἀκινάσου P (sine acc.) : Κινάσου l ‖ 8 2 ἐπιπλεῖ l Herch. : ἐπεπ- P.

apporter de l'eau ; au lieu de quoi, dès qu'on s'engage dans
son cours, il est prescrit de vider toute l'eau qui se trouve à
bord ; sinon, on affirme que ceux qui négligent de le faire
n'ont pas une navigation heureuse. D'autre part, l'eau du
Phase ne se corrompt pas, mais reste inaltérée, même au
delà de dix ans, sauf qu'elle devient plus douce [59].

9. Quand on pénètre dans le Phase, à gauche, trône la
déesse Phasianè. À en juger du moins d'après l'attitude, on
dirait Rhéa : elle a des cymbales dans les mains, des lions
au pied de son trône, et elle est assise comme dans le
Metrôon à Athènes la statue de Phidias [60]. [2] En cet
endroit on montre aussi l'ancre d'Argô. Celle-ci, en fer, ne
m'a pas paru antique (bien que, par la taille, elle soit
différente des ancres de maintenant, et par la forme
quelque peu étrange), mais m'a semblé être d'une époque
assez récente. Par contre, d'une autre en pierre on
montrait des fragments antiques, si bien que ce sont plutôt
ceux-ci, autant qu'on peut en juger, qui sont les fameux
restes de l'ancre d'Argô [61]. Mais il n'y avait là aucun autre
vestige de la légende de Jason. [3] Quant à la citadelle elle-
même, où sont cantonnés quatre cents soldats auxiliaires,
elle m'a paru très fortement défendue par sa situation
naturelle, et se trouver à l'endroit le plus approprié pour
assurer la sécurité de ceux qui naviguent par ici. Deux
fossés entourent la muraille, larges l'un et l'autre [62].
[4] Autrefois la muraille était en terre et en bois les tours
qui la surmontaient ; mais maintenant celle-là, ainsi que les
tours, sont de briques cuites ; elle a une assise solide,
dessus sont installées des machines de guerre, bref, elle est
munie de tout ce qu'il faut pour empêcher qu'aucun
Barbare puisse s'en approcher, en tout cas pour mettre à
l'abri des dangers d'un siège ceux qui y tiennent garni-

---

59. Sa couleur peut s'expliquer, comme celle de la Mer Noire, par
la présence, en profondeur, de sulfite de fer (cf. Burr, 32) ; d'où des
expressions pour l'eau du Pont telles que : πότος μέλας (Eur., *Iphig.
Taur.*, 107) ; *Euxini caerulae aquae* (Sén., *Agam.*, 66 sq.). — Sur
l'interdiction, à caractère religieux, de souiller l'eau du Phase, cf.
Wachsmuth, 94.

60-62. *Notes complémentaires*, p. 29-31.

σιν ἤδη εἰς τὸν ῥοῦν, παραγγέλλεται πᾶν ἐκχέαι τὸ ἐνὸν
ὕδωρ ἐν ταῖς ναυσίν· εἰ δὲ μή, λόγος κατέχει ὅτι οἱ
τούτου ἀμελήσαντες οὐκ εὐπλοοῦσιν. Τὸ δὲ ὕδωρ τοῦ
Φάσιδος οὐ σήπεται, ἀλλὰ μένει ἀκραιφνὲς καὶ ὑπὲρ
δέκατον ἔτος, πλήν γε δὴ ὅτι εἰς τὸ γλυκύτερον μεταβάλλει. 9. Εἰσβαλλόντων δὲ εἰς τὸν Φᾶσιν ἐν ἀριστερᾷ ἵδρυται
ἡ Φασιανὴ θεός. Εἴη δ' ἂν ἀπό γε τοῦ σχήματος
τεκμαιρομένῳ ἡ Ῥέα· καὶ γὰρ κύμβαλον μετὰ χεῖρας ἔχει
καὶ λέοντας ὑπὸ τῷ θρόνῳ, καὶ κάθηται ὥσπερ ἐν τῷ
Μητρῴῳ Ἀθήνησιν ἡ τοῦ Φειδίου. 2 Ἐνταῦθα καὶ ἡ
ἄγκυρα δείκνυται τῆς Ἀργοῦς. Καὶ ἡ μὲν σιδηρᾶ οὐκ
ἔδοξέ μοι εἶναι παλαιά, καίτοι τὸ μέγεθος οὐ κατὰ τὰς
νῦν ἀγκύρας ἐστίν, καὶ τὸ σχῆμα ἀμηγέπη ἐξηλλαγμένη,
ἀλλὰ νεωτέρα μοι ἐφάνη εἶναι τοῦ χρόνου. Λιθίνης δέ
τινος ἄλλης θραύσματα ἐδείκνυτο παλαιά, ὡς ταῦτα
μᾶλλον εἰκάσαι ἐκεῖνα εἶναι τὰ λείψανα τῆς ἀγκύρας τῆς
Ἀργοῦς. Ἄλλο δὲ οὐδὲν ὑπόμνημα ἦν ἐνταῦθα τῶν
μύθων τῶν ἀμφὶ τὸν Ἰάσονα. 3 Τὸ μέντοι φρούριον αὐτό,
ἵναπερ κάθηνται τετρακόσιοι στρατιῶται ἐπίλεκτοι, τῇ τε
φύσει τοῦ χωρίου ὀχυρώτατον εἶναί μοι ἔδοξεν, καὶ ἐν
ἐπιτηδειοτάτῳ κεῖσθαι πρὸς ἀσφάλειαν τῶν ταύτῃ
πλεόντων. Καὶ τάφρος διπλῆ περιβέβληται τῷ τείχει,
εὐρεῖα ἑκατέρα. 4 Πάλαι μὲν οὖν γήινον τὸ τεῖχος ἦν, καὶ
οἱ πύργοι ξύλινοι ἐφεστήκεσαν· νῦν δὲ ἐκ πλίνθου ὀπτῆς
πεποίηται καὶ αὐτὸ καὶ οἱ πύργοι· καὶ τεθεμελίωται
ἀσφαλῶς, καὶ μηχαναὶ ἐφεστᾶσιν, καὶ ἑνὶ λόγῳ πᾶσιν
ἐξήρτυται πρὸς τὸ μηδὲ πελάσαι ἄν τινα αὐτῷ τῶν
βαρβάρων, μήτι γε δὴ εἰς κίνδυνον καταστῆσαι πολιορ-

8 5 εἰσβάλλωσιν Roos : -βαίνωσιν P -βάλλουσιν l ‖ 9 1 Ἀθήνησιν
edd. : -νησιν P ‖ 9 4 ἐφεστήκεσαν P : ἐφεισ- Herch. Roos ‖ ἑνὶ λόγῳ
Bernh. (Anal. in geogr. Gr. min., p. 20) : ἐν ὀλίγῳ P.

son [63]. [5] Mais, comme il fallait que la sécurité fût garantie et pour les bateaux au mouillage et pour toute la partie à l'extérieur de la citadelle, habitée par les soldats libérés du service et par toutes sortes de négociants, j'ai décidé de prolonger jusqu'au fleuve le double fossé qui entoure le mur par un autre fossé qui abritera aussi bien le port que les maisons à l'extérieur de la muraille [64].

10. Après le Phase, nous passâmes devant le Chariès [63], fleuve navigable ; entre les deux, 90 stades. Du Chariès au fleuve Chôbos dans lequel nous pénétrâmes, encore 90 ; c'est là aussi que nous jetâmes l'ancre. Pour quelle raison et ce que nous y fîmes, la lettre en latin te l'expliquera [66]. [2] Après le Chôbos nous passâmes devant le Sigamès [67], fleuve navigable ; il est distant du Chôbos d'environ 210 stades. Après le Sigamès vient le fleuve Tarsouras [68] ; entre les deux, 120 stades. Puis le fleuve Hippos [69] est distant du Tarsouras de 150 stades, et de l'Hippos l'Astéléphos [70] de 30. [3] L'Astéléphos dépassé, nous arrivâmes à Sébastopolis avant le milieu du jour, étant partis du Chôbos et ayant fait 120 stades depuis l'Astéléphos [71], si bien que, dans la même journée, on put encore remettre leur solde aux hommes, inspecter les chevaux, les armes, la monte des cavaliers, les malades, l'approvisionnement, et faire le tour du rempart et du fossé [72]. [4] Du Chôbos à Sébastopolis il y a 630 stades ; de Trapézonte à Sébastopolis 2260 [73]. Sébastopolis jadis s'appelait Dioscurias, une colonie de Milet [74].

---

63. Aucun des forts côtiers de cette époque n'a laissé de traces ; les vestiges trouvés par Dubois de Montpéreux sont de date beaucoup plus récente (cf. Mitford (2), 163). L'existence de machines de guerre, rares dans une garnison d'auxiliaires, dit l'importance stratégique de cet endroit : pour assurer la liberté de navigation sans doute, mais aussi pour lutter contre les peuplades barbares et surveiller une région sensible.

64-74. *Notes complémentaires*, p. 31-33.

κίας τοὺς ἐν αὐτῷ φρουροῦντας. 5 Ἐπειδὴ δὲ καὶ τὸν ὅρμον ἐχρῆν ἀσφαλῆ εἶναι ταῖς ναυσὶ καὶ ὅσα ἔξω τοῦ φρουρίου κατῳκεῖτο ὑπό τε τῶν πεπαυμένων τῆς στρατιᾶς καί τινων καὶ ἄλλων ἐμπορικῶν ἀνθρώπων, ἔδοξέ μοι ἀπὸ τῆς διπλῆς τάφρου, ἣ περιβέβληται τῷ τείχει, ἄλλην τάφρον ἐκβαλεῖν ὡς ἐπὶ τὸν ποταμόν, ἣ τό τε ναύσταθμον περιέξει καὶ τὰς ἔξω τοῦ τείχους οἰκίας.

10. Ἀπὸ δὲ τοῦ Φάσιδος Χαρίεντα ποταμὸν παρημείψαμεν ναυσίπορον· στάδιοι μεταξὺ ἀμφοῖν ἐνενήκοντα. Καὶ ἀπὸ τοῦ Χαρίεντος ἐς Χῶβον ποταμὸν εἰσεπλεύσαμεν ἄλλους ἐνενήκοντα, ἵναπερ καὶ ὡρμίσθημεν. Ὧν δὲ ἕνεκα, καὶ ὅσα ἐνταῦθα ἐπράξαμεν, δηλώσει σοι τὰ Ῥωμαϊκὰ γράμματα. 2 Ἀπὸ δὲ Χώβου Σιγάμην ποταμὸν παρημείψαμεν ναυσίπορον· διέχει δὲ τοῦ Χώβου σταδίους ἐς δέκα καὶ διακοσίους μάλιστα. Ἔχεται δὲ τοῦ Σιγάμου Ταρσούρας ποταμός· στάδιοι εἴκοσι καὶ ἑκατὸν μεταξὺ ἀμφοῖν. Ὁ δὲ Ἵππος ποταμὸς τοῦ Ταρσούρου πεντήκοντα σταδίους καὶ ἑκατὸν διέχει, καὶ τοῦ Ἵππου ὁ Ἀστέλεφος τριάκοντα. 3 Παραμείψαντες δὲ τὸν Ἀστέλεφον εἰς Σεβαστόπολιν ἥκομεν πρὸ μεσημβρίας, ἀπὸ Χώβου ὁρμηθέντες, σταδίους εἴκοσι καὶ ἑκατὸν τοὺς ἀπὸ Ἀστελέφου, ὡς καὶ τὴν μισθοφορὰν τοῖς στρατιώταις δοῦναι τῆς αὐτῆς ἡμέρας, καὶ τοὺς ἵππους καὶ τὰ ὅπλα ἰδεῖν καὶ τοὺς ἱππέας ἀναπηδῶντας ἐπὶ τοὺς ἵππους καὶ τοὺς κάμνοντας καὶ τὸν σῖτον, καὶ τὸ τεῖχος περιελθεῖν καὶ τὴν τάφρον. 4 Στάδιοι ἀπὸ μὲν Χώβου εἰς Σεβαστόπολιν τριάκοντα καὶ ἑξακόσιοι· ἀπὸ Τραπεζοῦντος δὲ εἰς Σεβαστόπολιν ἑξήκοντα καὶ διακόσιοι καὶ δισχίλιοι. Ἡ δὲ Σεβαστόπολις πάλαι Διοσκουριὰς ἐκαλεῖτο, ἄποικος Μιλησίων.

10 1 : cf. Ἀπὸ δὲ τοῦ Φάσιδος — Ἵππου ποταμοῦ 9v 19-21 (42, 6, l. 23-32) ‖ 10 4 : τὴν νῦν λεγομένην — Μιλησίων 9v 23 (42, 6, l. 2-3 p. 177).

10 2 Σιγάμην Roos : Σιγγά- P Σηγά- l ‖ Σιγάμου Roos (cf. 11, 4 Σιγά- P l bis) : Σιγγά- P.

11. Voici d'autre part les peuples dont nous avons longé
le territoire : les Colques, qui sont, comme le dit aussi
Xénophon, limitrophes des Trapézontins [75]. Puis ceux
qu'il dit être les plus belliqueux et très hostiles aux
Trapézontins, qu'il nomme, lui, Drilles [76], mais qui, à mon
avis, sont les Sannes [77]. En effet, ils sont restés jusqu'à
aujourd'hui extrêmement belliqueux et très hostiles aux
Trapézontins ; [2] ils habitent des lieux fortifiés ; peuple
ignorant les rois, naguère aussi tributaire des Romains,
mais, se livrant au brigandage, ils négligent de payer
tribut. Mais désormais, si la divinité le permet, ils n'y
manqueront pas, ou bien nous les anéantirons [78]. Après
eux viennent les Machélons et les Hénioques ; leur roi est
Anchialos [79]. Puis, venant après les Machélons et les
Hénioques, les Zydrites [80], sujets, eux, de Pharasmanès [81].
Après les Zydrites, les Lazes [82] ; le roi des Lazes est
Malassas [83], qui tient de toi son royaume. [3] Après les
Lazes viennent les Apsiles [84] ; leur roi est Ioulianos ; lui,
doit son royaume à ton père [85]. Limitrophes des Apsiles,
les Abasques [86] ; le roi des Abasques est Rhesmagas [87] ; lui
aussi tient de toi son royaume. Après les Abasques
viennent les Saniges, et c'est chez eux qu'est établie
Sébastopolis ; le roi des Saniges [88], Spadagas [89], te doit son
royaume.

[4] Jusqu'à Apsaros nous naviguions en direction du
levant, dans la partie droite de l'Euxin, et Apsaros me
parut constituer la limite du Pont en longueur [90], car, de
là, notre navigation se fit désormais vers le nord jusqu'au
fleuve Chôbos et, au delà du Chôbos, jusqu'au Sigamès. À
partir du Sigamès nous obliquions en direction du côté

---

75. Xén., *Anab.*, IV, 8, 22. Cf. les objections de Procope, *B.
Goth.*, 1, 8-9 : ὧν γέ τινες Τραπεζουντίων ὁμόρους ἢ Σάνους ἔφασαν,
οἳ τὰ νῦν Τζάνοι ἐπικαλοῦνται ἢ Κόλχους εἶναι, Λαζοὺς ἑτέρους
καλέσαντες, οἳ καὶ νῦν ἐπὶ τούτου προσαγορεύονται τοῦ ὀνόματος.
Procope poursuit en prétendant que les Τζάνοι vivent, en fait, à
l'intérieur des terres, et que les Colques sont voisins du Phase. Cf.
aussi : IV, 2, 15 : Ὥστε εἰκότως θαυμάσειεν ἄν τις τῶν Κόλχους
φαμένων Τραπεζουντίας ὁμόρους εἶναι. Voir là-dessus la n. 37.

76-90. *Notes complémentaires*, p. 33-37.

11. Ἔθνη δὲ παρημείψαμεν τάδε. Τραπεζουντίοις μέν, καθάπερ καὶ Ξενοφῶν λέγει, Κόλχοι ὅμοροι. Καὶ οὓς λέγει τοὺς μαχιμωτάτους καὶ ἐχθροτάτους εἶναι τοῖς Τραπεζουντίοις, ἐκεῖνος μὲν Δρίλλας ὀνομάζει, ἐμοὶ δὲ δοκοῦσιν οἱ Σάννοι οὗτοι εἶναι. Καὶ γὰρ μαχιμώτατοί εἰσιν εἰς τοῦτο ἔτι καὶ τοῖς Τραπεζουντίοις ἐχθρότατοι, 2 καὶ χωρία ὀχυρὰ οἰκοῦσιν, καὶ ἔθνος ἀβασίλευτον, πάλαι μὲν καὶ φόρου ὑποτελὲς Ῥωμαίοις, ὑπὸ δὲ τοῦ λῃστεύειν οὐκ ἀκριβοῦσιν τὴν φοράν. Ἀλλὰ νῦν γε διδόντος θεοῦ ἀκριβώσουσιν, ἢ ἐξελοῦμεν αὐτούς. Τούτων δὲ ἔχονται Μαχέλονες καὶ Ἡνίοχοι· βασιλεὺς δ᾽ αὐτῶν Ἀγχίαλος. Μαχελόνων δὲ καὶ Ἡνιόχων ἐχόμενοι Ζυδρεῖται· Φαρασμάνου οὗτοι ὑπήκοοι. Ζυδρειτῶν δὲ Λαζοί· βασιλεὺς δὲ Λαζῶν Μαλάσσας, ὃς τὴν βασιλείαν παρὰ σοῦ ἔχει. 3 Λαζῶν δὲ Ἀψίλαι ἔχονται· βασιλεὺς δὲ αὐτῶν Ἰουλιανός· οὗτος ἐκ τοῦ πατρὸς τοῦ σοῦ τὴν βασιλείαν ἔχει. Ἀψίλαις δὲ ὅμοροι Ἀβασκοί· καὶ Ἀβασκῶν βασιλεὺς Ῥησμάγας· καὶ οὗτος παρὰ σοῦ τὴν βασιλείαν ἔχει. Ἀβασκῶν δὲ ἐχόμενοι Σανίγαι, ἵναπερ καὶ ἡ Σεβαστόπολις ᾤκισται· Σανιγῶν βασιλεὺς Σπαδάγας ἐκ σοῦ τὴν βασιλείαν ἔχει.

4 Μέχρι μὲν δὴ Ἀψάρου ὡς πρὸς ἕω ἐπλέομεν ἐν δεξιᾷ τοῦ Εὐξείνου, ὁ δὲ Ἄψαρος πέρας ἐφάνη μοι εἶναι κατὰ μῆκος τοῦ Πόντου· ἔνθεν γὰρ ἤδη πρὸς ἄρκτον ὁ πλοῦς ἡμῖν ἐγίνετο ἔστε ἐπὶ Χῶβον ποταμόν, καὶ ὑπὲρ τὸν Χῶβον ἐπὶ τὸν Σιγάμην. Ἀπὸ δὲ Σιγάμου ἐκάμπτομεν εἰς τὴν λαιὰν πλευρὰν τοῦ Πόντου ἔστε ἐπὶ τὸν Ἵππον

11 1-2 : ἔθνη — φορὰν 9v 24-27 (42, 8, l. 8-17) ‖ 11 2 : Κόλχων — Ἀγχίαλος 9v 27 (42, 8, l. 17-18) ‖ 11 2-5 : Μαχελόνων — μυθεύεται 9v 30-38 (42, 10-11); cf. St. Byz. s.v. Ἀψίλαι· ἔθνος Σκυθικὸν γειτνιάζον Λαζοῖς, ὡς Ἀρριανὸς ἐν περίπλῳ τοῦ Εὐξείνου πόντου.

11 1 ὀχυρὰ edd. : ὠχ- P ‖ 11 2 καὶ ἔθνος P : ὡς δὲ ἔθνος l « fortasse καί <ἐστι τὸ> ἔθνος » Roos ‖ 11 3 Σανίγαι et Σανιγῶν P : Σαννίται et Σαννιτῶν l (sed cf. Σάνιχας P 18, 3) ‖ 11 4 ἕω l : ἠῶ (sic) P.

gauche du Pont jusqu'au fleuve Hippos. [5] À partir de
l'Hippos, vers l'Astéléphos et Dioscurias, <nous naviguions désormais manifestement en direction de la partie
gauche du Pont et notre navigation se faisait vers le
couchant ; or, en virant à partir de l'Astéléphos dans la
direction de Dioscurias> [91], nous aperçûmes le mont
Caucase dont la hauteur est exactement celle des Alpes
Celtiques [92]. Et l'on nous indiquait un sommet du Caucase
(ce sommet a nom Strobilos) où Prométhée, dit la légende,
fut suspendu par Héphaïstos sur l'ordre de Zeus [93].

12. Pour la partie allant du Bosphore Thrace jusqu'à [94]
la ville de Trapézonte, voici ce qu'il en est [95]. [2] Le
sanctuaire de Zeus Ourios est distant de Byzance de
120 stades ; c'est ici qu'est le plus étroite ce qu'on appelle
l'embouchure du Pont par laquelle celui-ci se jette dans la
Propontide [96]. Mais je te dis là des choses que tu sais [97].
[3] Après le sanctuaire, en naviguant sur la droite [98], il y a
le fleuve Rhébas ; il est distant de 90 stades du sanctuaire
de Zeus [99]. Ensuite le Promontoire Noir, comme on
l'appelle, à 150 stades [100]. Du Promontoire Noir au fleuve
Artanè, où il y a en outre un mouillage pour de petits
navires, près d'un temple d'Aphrodite, encore 150 stades [101]. [4] De l'Artanè au fleuve Psilis, 150 ; et de petits
bateaux peuvent se mettre au mouillage contre le rocher
qui émerge non loin de l'embouchure du fleuve [102]. De là
au port de Calpè il y a 210 stades [103]. [5] Du port de
Calpè, la nature du lieu et celle du mouillage, de la

---

91. Le passage restitué (καταφανῶς... ἐπὶ Διοσκουριάδα) est tiré de
l'Anon., 9v 36, et provient très certainement d'Arrien. L'omission,
dans le manuscrit que nous avons, s'explique aisément : *uerba [...]
propter uocum* Διοσκουριάδα κατ[αφανῶς] *et* Διοσκουριάδα κατ[εί-
δομεν] *librarii, oculis ab altera sententia ad alteram aberrantibus,
praetermissa esse uidentur : quo erroris genere in libris Arrianeis
nullum est frequentius* (Eberhardt, LIII). Voir là-dessus Reuss, 377,
réfutant Brandis, 112, n. 2. — Comme le fait observer Danoff, 914, le
dessin de la côte dans la description de Pomponius Méla est plus
précis que celui d'Arrien (cf. Méla, I, 102, 108, 110-112 ; voir aussi
Strab., XI, 2, 12-19).

92-103. *Notes complémentaires*, p. 37-39.

ποταμόν. 5 Ἀπὸ δὲ τοῦ Ἵππου ὡς ἐπ' Ἀστέλεφον καὶ
Διοσκουριάδα κατ⟨αφανῶς ἤδη ἐπ' ἀριστερὰ τοῦ Πόντου
ἐπλέομεν, καὶ ὁ πλοῦς ἡμῖν πρὸς ἡλίου δυομένου
ἐγίνετο· ὡς δὲ ὑπεστρέφομεν ἀπὸ τοῦ Ἀστελέφου ἐπὶ
Διοσκουριάδα κατ⟩είδομεν τὸν Καύκασον τὸ ὄρος, τὸ
ὕψος μάλιστα κατὰ τὰς Ἄλπεις τὰς Κελτικάς. Καὶ τοῦ
Καυκάσου κορυφή τις ἐδείκνυτο — Στρόβιλος τῇ κορυφῇ
ὄνομα —, ἵναπερ ὁ Προμηθεὺς κρεμασθῆναι ὑπὸ Ἡφαίστου κατὰ πρόσταξιν Διὸς μυθεύεται.
12. Τὰ δὲ ἀπὸ Βοσπόρου τοῦ Θρᾳκίου ἔστε ἐπὶ
Τραπεζοῦντα πόλιν ὧδε ἔχει. 2 Τὸ ἱερὸν τοῦ Διὸς τοῦ
Οὐρίου διέχει ἀπὸ Βυζαντίου σταδίους εἴκοσι καὶ ἑκατόν,
καὶ ἔστιν στενότατον ταύτῃ τὸ στόμα τοῦ Πόντου
καλούμενον, καθ' ὅ τι εἰσβάλλει εἰς τὴν Προποντίδα.
Ταῦτα μὲν εἰδότι σοι λέγω. 3 Ἀπὸ δὲ τοῦ ἱεροῦ πλέοντι
ἐν δεξιᾷ Ῥήβας ποταμός· σταδίους διέχει τοῦ ἱεροῦ τοῦ
Διὸς ἐνενήκοντα. Ἔπειτα Μέλαινα ἄκρα ὧδε καλουμένη,
πεντήκοντα καὶ ἑκατόν. Ἀπὸ Μελαίνης ἄκρης ἐς Ἀρτάνην ποταμόν, ἵνα καὶ ὅρμος ναυσὶ μικραῖς πρὸς ἱερῷ
Ἀφροδίτης, πεντήκοντα ἄλλοι καὶ ἑκατόν. 4 Ἀπὸ δὲ
Ἀρτάνης εἰς Ψίλιν ποταμὸν πεντήκοντα καὶ ἑκατόν· καὶ
πλοῖα μικρὰ ὁρμίζοιτο ἂν πρὸς τῇ πέτρᾳ τῇ ἀνεχούσῃ οὐ
πόρρω ἀπὸ τοῦ ποταμοῦ τῶν ἐκβολῶν. Ἐνθένδε εἰς
Κάλπης λιμένα δέκα καὶ διακόσιοι στάδιοι. 5 Ὁ δὲ
Κάλπης λιμὴν ὁποῖόν τι χωρίον ἐστὶν καὶ ὁποῖος ὅρμος,

12 1 : Τὸ ἱερὸν — Προποντίδα 8r 41-42 (2, l. 10-11 p. 402, l. 1-2
p. 403) ‖ 12 3 : πλέοντι ἐν τῇ δεξιᾷ 8r 42 (3, l. 4-5); ἐνταῦθα —
Ἀφροδίτης 8r 44 (3, l. 9-10) ‖ 12 4 : Ἀπὸ δὲ Ἀρτάνου — Ψίλιν
ποταμὸν [...] στάδια ρ̄ν̄ — Κάλπην λιμένα [...] στάδια σῑ 8r 45-46 (4-5,
l. 12-17) ‖ 12 5 : Ὁ δὲ Κάλπης — νῆσον μικρὰν [...] ὀλίγον — στάδια
x̄ 8r 47-8v 1-3 (5, l. 18 — 6, l. 27).

11 5 καταφανῶς — Διοσκουριάδα inseruit Roos ex l (« ea uere
arrianea esse sed propter similitudinem uocum Διοσκουριάδα κατ
<αφανῶς et Διοσκουριάδα κατ>είδομεν a librario errore praeter-
missa intellexit Eberhard ») : om. P et cett. edd. ‖ ἀπὸ τοῦ
Ἀστελέφου edd. : ὑπὸ τ. Ἀ l ‖ 12 2 Οὐρίου Roos : Ορίου (sic)
P ‖ 12 3 ἄκρης P : -ρας l v.

fraîcheur et de la pureté de l'eau de la source qui s'y
trouve, de ses forêts au bord de la mer donnant du bois
pour la construction des navires et qui abondent en bêtes
sauvages, de cela Xénophon l'Ancien a parlé [104].
13. Du port de Calpè à Rhoè, 20 stades [105] ; un mouillage pour de petits bateaux. De Rhoè à Apollônia [106],
petite île peu distante du continent, encore 20. Un port au
pied de l'îlot. De là à Chélai, 20 stades [107]. 180 de Chémai
au point où [108] le fleuve Sangarios se jette dans le Pont [109].
[2] De là à l'embouchure de l'Hypios, encore 180 [110]. De
l'Hypios au port marchand de Lilaion, 100 stades [111], et de
Lilaion à Elaion 60 [112]. De là à Calès [113], autre port
marchand, 120. [3] De Calès au fleuve Lycos, 80 [114], et du
Lycos à Héraclée, cité grecque dorienne, colonie de
Mégare, 20 stades. À Héraclée un mouillage pour les
navires [115]. D'Héraclée au lieu appelé Métrôon, 80 stades [116]. [4] De là à Posideion, 40 [117], de là à Tyndaridai
45 [118], et 15 de là jusqu'à Nymphaion [119]. De Nymphaion
au fleuve Oxeinas 30 [120]. De l'Oxeinas à Sandarakè 90.
[5] Sandarakè est un mouillage pour de petits bateaux [121].
De là à Crénidai 60 [122]. De Crénidai au port marchand de
Psylla 30 [123]. De là à Tios, cité grecque ionienne, établie au
bord de la mer et elle aussi colonie de Milet, 90 [124]. De

104. Xén., *Anab.*, VI, 4, 3-5. ἔνθεροι n'y figure pas : cf. Tonnet,
241, qui remarque que c'est principalement le livre VI de Xénophon
qui a été mis à contribution, mais que « Arrien n'a pas un respect
scrupuleux de son modèle ». La forme Κάλπης λιμήν, toutefois, ne se
trouve que dans Xénophon (cf. Müller, *GGM* I, p. 382).
105. Cf. Anon., 8v 2. Dans les environs de Kefken selon Müller,
ibid., voir Ruge, *RE* I A (1920), *s.v.*, 960, et Danoff, 925.
106. Le manuscrit porte en marge : ἡ νῦν Δαφνουσία (cf. Anon., 8v
2). L'Anon., *ibid.*, mentionne Θυνιάς, la petite bourgade qui y est
située ; ce même nom est donné à l'île elle-même par le Ps.-Scyl., 92 ;
cf. aussi Méla, II, 98 (la cité serait *Bithynis*), Pline, V, 151 (*Thynias
quam barbari Bithyniam uocant. Son vrai nom serait Apollonia* :
Pline, VI, 32) ; Ptol., V, 1, 3 : ἡ Θυνιὰς ἢ καὶ Δαφνουσία νῆσος. Voir
encore sur cette île : Strab., XII, 3, 7 (Θυνία), St. Byz., *s.v.* Selon
Apoll. Rhod., II, 672 sq., les Argonautes y construisirent un temple
(dédié à Apollon, selon Apoll. Rhod., II, 177). Cf. éd. de Pomp. Méla,
Chorographie, CUF, p. 228-229.
107-124. *Notes complémentaires*, p. 39-41.

καὶ ὅτι πηγὴ ἐν αὐτῷ ψυχροῦ καὶ καθαροῦ ὕδατος, καὶ ὅτι ὗλαι πρὸς τῇ θαλάσσῃ ξύλων ναυπηγησίμων, καὶ αὗται ἔνθηροι, ταῦτα Ξενοφῶντι τῷ πρεσβυτέρῳ λέλεκται.

13. Ἀπὸ Κάλπης λιμένος εἰς Ῥόην στάδιοι εἴκοσιν ὅρμος ναυσὶ μικραῖς. Ἀπὸ Ῥόης εἰς Ἀπολλωνίαν νῆσον μικράν, ὀλίγον διέχουσαν τῆς ἠπείρου, ἄλλοι εἴκοσι. Λιμὴν ὑπὸ τῇ νησῖδι. Καὶ ἔνθεν εἰς Χηλὰς στάδιοι εἴκοσιν. Ἀπὸ Χηλῶν ὀγδοήκοντα καὶ ἑκατόν, ἵναπερ Σαγγάριος ποταμὸς ἐσϐάλλει εἰς τὸν Πόντον. 2 Ἐνθένδε εἰς τοῦ Ὑπίου τὰς ἐκϐολὰς ἄλλοι ὀγδοήκοντα καὶ ἑκατόν. Εἰς δὲ Λιλαῖον ἐμπόριον ἀπὸ τοῦ Ὑπίου στάδιοι ἑκατόν, καὶ ἀπὸ τοῦ Λιλαίου εἰς Ἔλαιον ἑξήκοντα. Ἐνθένδε ἐς Κάλητα, ἄλλο ἐμπόριον, εἴκοσι καὶ ἑκατόν. 3 Ἀπὸ Κάλητος ἐς Λύκον ποταμὸν ὀγδοήκοντα, ἀπὸ δὲ Λύκου εἰς Ἡράκλειαν πόλιν Ἑλληνίδα Δωρικήν, Μεγαρέων ἄποικον, στάδιοι εἴκοσι. Ἐν Ἡρακλείᾳ ὅρμος ναυσίν. Ἀπὸ δὲ Ἡρακλείας ἐπὶ μὲν τὸ Μητρῷον καλούμενον στάδιοι ὀγδοήκοντα. 4 Ἐνθένδε εἰς τὸ Ποσίδειον τεσσαράκοντα, καὶ ἔνθεν εἰς Τυνδαρίδας πέντε καὶ τεσσαράκοντα, πέντε δὲ καὶ δέκα ἔνθεν ἐπὶ τὸ Νυμφαῖον. Καὶ ἀπὸ τοῦ Νυμφαίου ἐπὶ τὸν Ὀξείναν ποταμὸν τριάκοντα. Καὶ ἀπὸ Ὀξείνου εἰς Σανδαράκην ἐνενήκοντα. 5 Σανδαράκη ὅρμος ναυσὶ μικραῖς. Ἐνθένδε εἰς Κρηνίδας ἑξήκοντα. Καὶ ἀπὸ Κρηνίδων εἰς Ψύλλαν ἐμπόριον τριάκοντα. Ἐνθένδε εἰς Τίον, πόλιν Ἑλληνίδα Ἰωνικήν, ἐπὶ θαλάττῃ οἰκουμένην, Μιλησίων καὶ ταύτην ἄποικον,

13 1-3 : cf. Ἀπὸ δὲ Ἀπολλωνίας — εἰς Λύκον ποταμὸν σταδ π̅ 8v 4-9 (6, l. 29 p. 403 — 9, l. 13 p. 404) ‖ 13 3 : Ἀπὸ δὲ Λύκου — σταδ x̅ 8v 9 (9, l. 14-16) ‖ 13 3-4 : Ἀπὸ δὲ Ἡρακλείας — καλούμενον [...] στάδια π̅ — Ποσίδεον [...] στάδια μ̅ — Τοδαρίδας [...] στάδια μ̅ε̅ — ὅρμος ναυσί 8v 12-14 (12-13, l. 1-2).

13 2 Ὑπίου l v (cf. Arr., Bithyn. fr. 41 Roos) Müller : Ὑππίου P ‖ Λιλαῖον et Λιλαίου l : Λίλλιον et Λιλλίου P Λιλεοῦν et Λιλεοῦ v ‖ 13 4 Ποσίδειον scripsi : -σίδαιον P -σείδεον l -σίδεον v.

Tios au fleuve Billaios, 20 stades [125]. Du Billaios au fleuve
Parthénios 100 stades [126]. [6] Jusque là habitent les Thraces bithyniens [127], dont Xénophon aussi a fait mention
dans son ouvrage, disant qu'ils sont les plus belliqueux en
Asie et que c'est sur leur territoire que l'armée des Grecs a
connu la plupart de ses malheurs après que les Arcadiens
se furent détachés des troupes de Chirisophe et de
Xénophon [128].

14. À partir d'ici commence la Paphlagonie [129]. Du
Parthénios à la ville grecque d'Amastris, 90 stades; un
mouillage pour les bateaux [130]. De là à Erythinoi, 60 [131].
D'Erythinoi à Crômna, encore 60 [132]. [2] De là à Kytôros,
90. À Kytôros un mouillage pour les bateaux [133]. De
Kytôros à Aigialoi, 60 [134]. Puis, jusqu'à Thyména 90 [135].
[3] Et jusqu'à Carambis, 120 [136]. De là à Zéphyrion, 60 [137].
De Zéphyrion au Mur d'Abônos, une petite ville, 150; le
mouillage n'est pas sûr pour les navires, mais ils peuvent
s'ancrer sans dommage, excepté si une grosse tempête
sévissait [138]. Du Mur d'Abônos à Aiginètès, encore 150 [139].
De là au port marchand de Kinôlis, encore 60. À Kinôlis
les navires peuvent s'ancrer durant la belle saison [140].
[4] De Kinôlis à Stéphanè, 180; un mouillage sûr pour les
bateaux [141]. Puis de Stéphanè à Potamoi, 150 [142]. De là au

125. Apoll. Rhod., II, 791; Pline, V, 4; Anon., 8v 16; Ménippe,
5803, etc. C'est auj. le Filiyas Čay. Sur Tios et le Billaios, cf. L.
Robert, *Études anat.*, Paris (1937), p. 266, et, du même, *Documents d'Asie Mineure*, in : *BCH* 101 (1977), p. 59-64.

126. Entre les deux, Arrien omet le Psilis; cf. Anon., 8v 17;
Ménippe, 5814 : 130 stades entre Billaios et Parthénios. Le Parthénios
est le Bartin-Su actuel; il est souvent mentionné dans l'Antiquité,
depuis Homère, *Il.*, II, 854.

127-142. *Notes complémentaires*, p. 41-43.

ἐνενήκοντα. Ἀπὸ δὲ Τίου εἰς Βιλλαῖον ποταμὸν στάδιοι
εἴκοσι. Ἀπὸ δὲ Βιλλαίου ἐπὶ τὸν Παρθένιον ποταμὸν
στάδιοι ἑκατόν. 6 Μέχρι τοῦδε Θρᾷκες οἱ Βιθυνοὶ νέμον-
ται, ὧν καὶ Ξενοφῶν ἐν τῇ συγγραφῇ μνήμην ἐποιήσατο
ὅτι μαχιμώτατοι εἶεν τῶν κατὰ τὴν Ἀσίαν, καὶ τὰ πολλὰ
κακὰ ἡ στρατιὰ τῶν Ἑλλήνων ὅτι ἐν τῇδε τῇ χώρᾳ
ἔπαθεν, ἐπειδὴ ἀπεχωρίσθησαν οἱ Ἀρκάδες ἀπό τε τῆς
Χειρισόφου καὶ τῆς Ξενοφῶντος μερίδος. 14. Τὰ δὲ ἀπὸ τοῦδε ἤδη Παφλαγονία. Ἀπὸ Παρθενίου ἐς Ἄμαστριν πόλιν Ἑλληνίδα στάδιοι ἐνενήκοντα·
ὅρμος ναυσίν· Ἔνθεν εἰς Ἐρυθίνους ἑξήκοντα. Καὶ ἀπὸ
Ἐρυθίνων εἰς Κρῶμναν ἄλλοι ἑξήκοντα. 2 Ἐνθένδε εἰς
Κύτωρον ἐνενήκοντα. Ὅρμος ναυσὶν ἐν Κυτώρῳ. Καὶ ἀπὸ
Κυτώρου εἰς Αἰγιαλοὺς ἑξήκοντα. Ἐς δὲ Θύμηνα ἐνενήκοντα. 3 Καὶ εἰς Κάραμβιν εἴκοσι καὶ ἑκατόν. Ἐνθένδε εἰς
Ζεφύριον ἑξήκοντα. Ἀπὸ δὲ Ζεφυρίου εἰς Ἀβώνου τεῖχος,
πόλιν σμικράν, πεντήκοντα καὶ ἑκατόν· ὅρμος ναυσὶν
οὐκ ἀσφαλής, σαλεύοιεν δ' ἂν ἀπαθεῖς, εἰ μὴ μέγας
χειμὼν κατέχοι. Ἀπὸ δὲ Ἀβώνου τείχους ἐς Αἰγινήτην
ἄλλοι πεντήκοντα καὶ ἑκατόν. Ἐνθένδε εἰς Κίνωλιν
ἐμπόριον ἄλλοι ἑξήκοντα. Καὶ ἐν Κινώλει σαλεύοιεν ἂν
νῆες ὥρᾳ ἔτους. 4 Ἀπὸ δὲ Κινώλιος ἐς Στεφάνην
ὀγδοήκοντα καὶ ἑκατόν· ὅρμος ναυσὶν ἀσφαλής. Ἀπὸ δὲ

13 5 : σταδ λ̄ — εἰς Βιλλαῖον ποταμὸν σταδ κ̄ 8v 15-16 (13, l. 5-8).
14 1-3 : cf. Ἀπὸ δὲ τοῦ Παρθενίου — εἰς Ζεφύριον 8v 19-27 (15-19,
l. 22) ‖ 14 3 : Ἐνταῦθα ὅρμος — καταλάβοι 8v 28-29 (19, l. 26-27) ‖
14 3 : ἐν Κινώλει — ἔτους 8v 30 (20, l. 31-32) ‖ 14 4 : cf. St. Byz. s.v.
Ἀλμήνη· πόλις πρὸς τῷ Εὐξείνῳ Πόντῳ, ὡς Ἀρριανός ‖ 14 4-5 : cf.
Ἀπὸ δὲ Κινωλέως — Μιλησίων ἄποικον σταδ μ̄ 8v 31-33 (20, l. 33-21,
l. 2).

14 2 Κυτώρῳ Stucki (cf. supra Κύτωρον P 1 v) : -ροις P ‖ Κυτώρου
Stucki : -ρων P 1 Κυτόρων v ‖ 14 3 Κάραμβιν 1 v ceterique auct. :
-ραβιν P ‖ σαλεύοιεν δ' ἄν Herch. : ἀλλ' εὔδοιεν ἄν P σαλεύοιεν δὲ 1 v ‖
Αἰγινήτην v (cf. Αἰγινήτου v et St. Byz. s.v.) : Αἰγινῆτιν P.

cap Leptè [143], 120. Puis du cap Leptè à Arménè, 60 ; là, un port. Xénophon aussi a mentionné Arménè [144]. [5] De là à Sinope, 40 stades ; les Sinopéens sont des colons milé-siens [145]. Puis de Sinope à Carousa, 150 ; un lieu d'ancrage pour les navires [146]. De là à Zagôra, encore 150 [147]. De là au fleuve Halys, 300.

15. Ce fleuve était autrefois la frontière entre le royaume de Crésus et celui des Perses ; aujourd'hui il coule en pays soumis à la souveraineté romaine, et non pas en provenance du sud, comme dit Hérodote, mais du levant [148]. Et, là où il se jette dans le Pont, il sépare les terres des Sinopéens de celles des Amiséniens [149]. [2] Du fleuve Halys 90 stades jusqu'à Naustathmos, où il y a aussi une lagune [150]. De là à Cônôpeion, une autre lagune, encore 50 [151]. De Cônôpeion à Eusènè, 120 [152]. [3] De là à Amisos, 160. Amisos, cité grecque, colonie d'Athènes, est établie au bord de la mer [153]. D'Amisos au port d'Ancôn, où aussi l'Iris se jette dans le Pont, 160 stades [154]. Des bouches de l'Iris à Héracleion, 360 ; un mouillage pour les bateaux [155]. De là jusqu'au fleuve Thermôdon, 40. C'est là le Thermôdon où, dit-on, ont habité les Amazones [156].

143. Anon., 8v 31 ; Ménippe, 5912 : Συριὰς ἄκρα λεπτή. C'est auj. le cap Indjeburun (cf. Hamilton, I, p. 159). Voir Ruge, *RE* XII (1925), *s.v.* « *Lepte* », col. 2072 1/.

144. Ps.-Scyl., 89 ; Xén., *Anab.*, VI, 1, 15 (Ἀρμήνη) ; Strab., XII, 3, 10-11 ; Méla, I, 104 ; Pline, VI, 6 ; Anon., 8v 32 ; Ménippe, 5914 ; Ptol., V, 4, 2 ; etc. Sur St. Byz., *s.v.* Ἀλμήνη · πόλις πρὸς τῷ Εὐξείνῳ Πόντῳ, ὡς Ἀρριανός, cf. la Notice. C'est auj. Akliman ; cf. Hirschfeld, *RE* II (1896), *s.v.* Ἀρμένη ou Ἀρμήνη, col. 1180.

145. Souvent mentionnée par les auteurs anciens ; Anon., 8v 33, etc. ; Ménippe, 5916. Sur le site : Hamilton, I, p. 306-313. Vestiges décrits par Y. Boysal, *JHS, Arch. Reports*, 34 (1959/60). Fondée au milieu du VIIIᵉ s. (cf. Boardman (2), p. 240) par des Milésiens attirés par les métaux des riches régions minières d'Asie Mineure, d'Arménie et du Caucase (cf. R. Drews, *JHS* 96 (1976), p. 26 sq., et Lordkipanidze (7), p. 129), ainsi que par les matériaux nécessaires à la construction navale (bois, poix) : Strab., XI, 2, 17.

146-156. *Notes complémentaires*, p. 43-45.

Στεφάνης εἰς Ποταμοὺς πεντήκοντα καὶ ἑκατόν. Ἐνθένδε εἰς Λεπτὴν ἄκραν ἑκατὸν καὶ εἴκοσι. Ἀπὸ δὲ Λεπτῆς ἄκρας ἐς Ἀρμένην ἑξήκοντα· λιμὴν αὐτόθι. Καὶ Ξενοφῶν τῆς Ἀρμένης ἐμνημόνευσεν. 5 Καὶ ἔνθεν εἰς Σινώπην στάδιοι τεσσαράκοντα· Σινωπεῖς Μιλησίων ἄποικοι. Ἀπὸ δὲ Σινώπης εἰς Κάρουσαν πεντήκοντα καὶ ἑκατόν· σάλος ναυσίν. Ἐνθένδε εἰς Ζάγωρα ἄλλοι αὖ πεντήκοντα καὶ ἑκατόν. Ἐνθένδε εἰς τὸν Ἅλυν ποταμὸν τριακόσιοι. 15. Οὗτος ὁ ποταμὸς πάλαι μὲν ὅρος ἦν τῆς Κροίσου βασιλείας καὶ Περσῶν, νῦν δὲ ὑπὸ τῇ Ῥωμαίων ἐπικρατείᾳ ῥέει, οὐκ ἀπὸ μεσημβρίας, ὡς λέγει Ἡρόδοτος, ἀλλὰ ἀπὸ ἀνίσχοντος ἡλίου. Καθ' ὅ τι δὲ εἰσβάλλει εἰς τὸν Πόντον, ὁρίζει τὰ Σινωπέων καὶ Ἀμισηνῶν ἔργα. 2 Ἀπὸ δὲ Ἅλυος ποταμοῦ ἐς Ναύσταθμον στάδιοι ἐνενήκοντα, ἵναπερ καὶ λίμνη ἐστίν. Ἐνθένδε ἐς Κωνωπεῖον ἄλλην λίμνην ἄλλοι αὖ πεντήκοντα. Ἀπὸ δὲ Κωνωπείου ἐς Εὐσήνην ἑκατὸν καὶ εἴκοσι. 3 Ἐνθένδε εἰς Ἀμισὸν ἑκατὸν καὶ ἑξήκοντα. Ἀμισός, πόλις Ἑλληνίς, Ἀθηναίων ἄποικος, ἐπὶ θαλάττῃ οἰκεῖται. Ἀπὸ δὲ Ἀμισοῦ εἰς Ἀγκῶνα λιμένα, ἵναπερ καὶ ὁ Ἶρις εἰσβάλλει εἰς τὸν Πόντον, στάδιοι ἑξήκοντα καὶ ἑκατόν. Ἀπὸ δὲ τοῦ Ἶριος τῶν ἐκβολῶν ἐς Ἡράκλειον ἑξήκοντα καὶ τριακόσιοι· ὅρμος ναυσίν. Ἐνθένδε ἐπὶ τὸν Θερμώδοντα ποταμὸν τεσσαράκοντα. Οὗτος ὁ Θερμώδων ἐστίν, ἵναπερ αἱ Ἀμαζόνες οἰκῆσαι λέγονται.

15 1 : οὗτος ὁ Ἅλυς — ἔργα 8v 43-45 (25, l. 35-40) ‖ 15 2-3 : Ἀπὸ δὲ Ἅλυος — λιμήν ἐστι […]. Ἀπὸ δὲ Ναυστάθμου — Εὐσένην […] σταδ ρ̄ — οἰκεῖται 8v 46-9r 1 (26, l. 1-8) ‖ 15 3-16 3 : cf. εἰς Ἀγκῶνος — εἰς Κοτύωρον σταδ ϙ̄ 9r 9-18 (28, l. 31-32, l. 25).

14 4 Ἀρμένην l v (cf. Xen., An. 6, 1, 15 Ἀρμήνη ; Strab. XII, 3, 10-11 Ἀρμένη ; St. Byz. s.v. Ἀλμήνη · πόλις πρὸς τῷ Εὐξείνῳ Πόντῳ, ὡς Ἀρριανός. sed idem s.v. Ἀρμένη scrips. κώμη Παφλαγονίας. Μένιππος ἐν περίπλῳ) : Ἀρ- P ‖ Ἀρμένης l v : Ἀρ- P ‖ 14 5 Ζάγωρα P (sine acc.) : -γορα l -γουραν v ‖ 15 1 καὶ Περσῶν P : καὶ τῆς Περσῶν v.

16. Du Thermôdon au fleuve Bèris, 90 stades [157]. De là au fleuve Thoaris, 60 [158]. Du Thoaris à Oinoè, 30 [159]. D'Oinoè au fleuve Phigamous, 40 [160]. De là à la citadelle de Phadisanè, 150 [161]. [2] De là à la ville de Polémônion, 10 stades [162]. De Polémônion au promontoire dit de Jason, 130 stades [163]. De là à l'île des Ciliciens, 15 stades [164]. [3] De l'île des Ciliciens à Boôn, 75. À Boôn un mouillage pour les bateaux [165]. De là à Cotyôra, 90. Xénophon l'a mentionnée comme étant une ville et la dit être une colonie de Sinope ; aujourd'hui c'est un bourg, et encore pas bien gros [166]. De Cotyôra au fleuve Mélanthios, environ 60 stades [167]. De là au Pharmatènos, un autre fleuve, 150 [168]. Et de là à Pharnakeia, 120. [4] Cette Pharnakeia autrefois s'appelait Kérasous, elle aussi colonie de Sinope [169]. De là à l'île d'Arètias, 30 [170]. Et de là à Zéphyrion, 120 ; un mouillage pour les bateaux [171]. De Zéphyrion à Tripolis, 90 stades [172]. De là à Argyria, 20 stades [173]. [5] D'Argyria à Philocaleia, 90 [174]. De là à Coralla, 100 [175]. De Coralla au Mont Sacré, 150 [176]. Du Mont Sacré à Cordylè, 40 ; un mouillage pour les bateaux [177]. [6] De Cordylè à Hermônassa, 45. Là, encore un mouillage [178]. De Hermônassa à Trapézonte, 60 stades. Là, toi tu fais bâtir

157. Anon., 9r 12 ; pas d'autre occurrence connue. Auj. le Melič Çay, décrit par Hamilton, I, p. 280.

158. Auj. le Tšüret Irmak (Ham., I, p. 279-280). Cité seulement par l'Anon., 9r 12. Cf. Ziegler, *RE* VI A (1936), col. 297, *s.v.*

159. Auj. Ünieh (Ham., I, p. 273-275). Figure seulement dans l'Anon., 9r 13 : Οἴνιος ποταμός, d'après Ménippe (Diller, p. 154). Cf. Ziegler, *ibid.*, et Ruge, *RE* XVII (1937), col. 2228, *s.v. Oinios.*

160. Auj. le Dževis-dere-Su, sans doute (Ham., I, p. 272). Seulement dans l'Anon., 9r 13. Cf. Herrmann, *RE* XIX (1938), col. 2086, *s.v.*

161. Anon., 9r 14 (aussi : Φάδισσα, d'après Ménippe ; cf. Diller, p. 154) ; Strab., XII, 3, 16 : Φάβδα ; Rav., 366, 2 : *Fitane* ; *Tab. Peut.*, X : *Pytane.* C'est auj. Fatsa. Cf. Ham., I, p. 270 ; Herrmann, *RE* XIX (1938), col. 1475, *s.v.*

162-178. *Notes complémentaires*, p. 45-47.

16. Ἀπὸ δὲ Θερμώδοντος εἰς Βῆριν ποταμὸν στάδιοι
ἐνενήκοντα. Ἐνθένδε εἰς Θόαριν ποταμὸν ἑξήκοντα. Ἀπὸ
δὲ Θοάριος ἐς Οἰνόην τριάκοντα. Ἀπὸ Οἰνόης ἐς Φιγα-
μοῦντα ποταμὸν τεσσαράκοντα. Ἐνθένδε εἰς Φαδισάνην
φρούριον πεντήκοντα καὶ ἑκατόν. 2 Ἐνθένδε εἰς Πολεμώ-
νιον πόλιν στάδιοι δέκα. Ἀπὸ Πολεμωνίου εἰς ἄκραν
Ἰασόνιον καλουμένην στάδιοι τριάκοντα καὶ ἑκατόν.
Ἐνθένδε εἰς Κιλίκων νῆσον πεντεκαίδεκα στάδιοι. 3 Ἀπὸ
δὲ Κιλίκων νήσου ἐς Βοῶνα πέντε καὶ ἑβδομήκοντα. Ἐν
Βοῶνι ὅρμος ναυσίν. Ἐνθένδε εἰς Κοτύωρα ἐνενήκοντα.
Ταύτης ὡς πόλεως Ξενοφῶν ἐμνημόνευσεν, καὶ λέγει
Σινωπέων ἄποικον εἶναι· νῦν δὲ κώμη ἐστίν, καὶ οὐδὲ
αὐτὴ μεγάλη. Ἀπὸ Κοτυώρων ἐς Μελάνθιον ποταμὸν
στάδιοι μάλιστα ἑξήκοντα. Ἐνθένδε εἰς Φαρματηνὸν
ἄλλον ποταμὸν πεντήκοντα καὶ ἑκατόν. Καὶ ἔνθεν εἰς
Φαρνακείαν εἴκοσιν καὶ ἑκατόν. 4 Αὕτη ἡ Φαρνακεία
πάλαι Κερασοῦς ἐκαλεῖτο, Σινωπέων καὶ αὕτη ἄποικος.
Ἐνθένδε ἐς τὴν Ἀρητιάδα νῆσον τριάκοντα. Καὶ ἔνθεν ἐς
Ζεφύριον εἴκοσι καὶ ἑκατόν· ὅρμος ναυσίν. Ἀπὸ δὲ
Ζεφυρίου εἰς Τρίπολιν στάδιοι ἐνενήκοντα. Ἐνθένδε ἐς τὰ
Ἀργύρια στάδιοι εἴκοσι. 5 Ἐκ δὲ τῶν Ἀργυρίων εἰς
Φιλοκάλειαν ἐνενήκοντα. Ἐνθένδε ἐς Κόραλλα ἑκατόν.
Ἀπὸ δὲ Κοράλλων εἰς Ἱερὸν ὅρος πεντήκοντα καὶ ἑκατόν.
Ἀπὸ δὲ Ἱεροῦ ὅρους εἰς Κορδύλην τεσσαράκοντα· ὅρμος
ναυσίν. 6 Ἀπὸ δὲ Κορδύλης ἐς Ἑρμώνασσαν πέντε καὶ
τεσσαράκοντα. Καὶ δεῦρο ὅρμος. Ἀπὸ δὲ Ἑρμωνάσσης
εἰς Τραπεζοῦντα στάδιοι ἑξήκοντα. Ἐνταῦθα σὺ ποιεῖς

16 3 : Ταύτης τῆς Κοτυώρου — μεγάλη 9r 18-19 (32, l. 25-27) ‖ 16
3 : cf. Ἀπὸ δὲ Μελανθίου — Φαρνάκιον σταδ ρ̄κ̄ 9r 22-23 (34, l. 37
p. 409 — l. 3 p. 410) ‖ 16 3 : cf. St. Byz. s.v. Κοτύωρα· κώμη πρὸς
τῷ Πόντῳ, ὡς Ἀρριανός ‖ 16 4 : Αὕτη ἡ Φαρνακία — ἄποικος 9r 23
(34, l. 3-5 p. 410) ‖ 16 4-5 : εἰς Ζεφύριον — Κοράλλων 9r 28-30 (36,
l. 21-27) ‖ 16 5-6 : Ἀπὸ δὲ Ἱεροῦ — Τραπεζοῦντα [...] σταδ ξ̄ 9r 32
(36, 30-35).

16 4 Ἀρητιάδα Gail : Ἀρρηντ- P Ἀριστ- l Ἀριτ- v.

un port ; car autrefois il y avait un mouillage ne permettant que de s'ancrer au large à la belle saison [179].

17. Quant aux distances depuis Trapézonte jusqu'à Dioscurias, elles ont déjà été données par la mesure régulière des intervalles entre les fleuves. Et cela fait un total, de Trapézonte à Dioscurias, appelée maintenant Sébastopolis, de 2260 stades [180].

[2] Voilà donc ce qu'il y a à partir de Byzance pour qui navigue en prenant à droite en direction de Dioscurias, place militaire marquant la limite de l'Empire romain, quand on navigue en se dirigeant sur la droite à l'entrée dans le Pont [181]. [3] Mais, ayant appris la mort de Cotys, le roi du Bosphore appelé Cimmérien, j'ai eu à cœur de te faire connaître aussi la navigation jusqu'au Bosphore, de sorte que, si, tu avais quelque projet au sujet du Bosphore, tu puisses prendre une décision sans ignorer non plus ce trajet [182].

18. Donc, au départ de Dioscurias, on peut trouver [183] le premier mouillage à Pityonte ; 350 stades [184]. De là 150 stades jusqu'à Nitikè, où était établie autrefois une peuplade scythe dont fait mention l'historien Hérodote, [2] et dont il dit que ce sont des mangeurs de poux ; et, de fait, leur réputation demeure inchangée encore jusqu'aujourd'hui [185]. De Nitikè au fleuve Abascos, 90 stades [186]. Puis le Borgys est distant de 120 stades de l'Abascos [187], et

---

179-186. *Notes complémentaires*, p. 47-50.

187. Βόργυς : l'Anon., 9v 46, cite le Μόζυγος (qui peut être un autre nom du Βόργυς), ajoutant que, de son temps, le fleuve s'appelle Βρούχων. Ce dernier nom figure dans Ptol., V, 8, alors que Procope, VIII, 4, 1, parle d'une peuplade du Caucase, les Βροῦχοι (entre les *Abasgoi* et les Alains), tandis que, sur la côte, seraient établis les Zechoi (= les Zilches). Selon Müller (*GGM* I, p. 393), ce serait la Liapipsta (appelée Lapsta par Baschmakoff), au sud d'Adler ; Kiessling, comme pour le Psou (n. 186), situe ce fleuve trop au nord, l'identifiant avec la Mazesta, au sud-est de Sotchi (Kiessling, *ibid.*).

λιμένα· πάλαι γάρ, ὅσον ἀποσαλεύειν ὥρᾳ ἔτους, ὅρμος
ἦν.

17. Τὰ δὲ ἀπὸ Τραπεζοῦντος διαστήματα μέχρι Διοσκουριάδος προείρηται διὰ τῶν ποταμῶν ἀναμετρηθέντα.
Ἀθροίζονται δὲ ἀπὸ Τραπεζοῦντος εἰς Διοσκουρίαδα,
τὴν νῦν Σεβαστόπολιν καλουμένην, στάδιοι δισχίλιοι
διακόσιοι ἑξήκοντα.

2 Τάδε μὲν ⟨οὖν⟩ τὰ ἀπὸ Βυζαντίου πλεόντων ἐν
δεξιᾷ ὡς ἐπὶ Διοσκουριάδα, ἐς ὅπερ στρατόπεδον τελευτᾷ Ῥωμαίοις ἡ ἐπικράτεια ἐν δεξιᾷ ἐσπλεόντων εἰς τὸν
Πόντον. 3 Ἐπεὶ δὲ ἐπυθόμην Κότυν τετελευτηκέναι, τὸν
βασιλέα τοῦ Βοσπόρου τοῦ Κιμμερίου καλουμένου, ἐπιμελὲς ἐποιησάμην καὶ τὸν μέχρι τοῦ Βοσπόρου πλοῦν
δηλῶσαί σοι, ὡς, εἴ τι βουλεύοιο περὶ τοῦ Βοσπόρου,
ὑπάρχοι σοι καὶ τόνδε τὸν πλοῦν μὴ ἀγνοοῦντι βουλεύ-
εσθαι.

18. Ὁρμηθεῖσιν οὖν ἐκ Διοσκουριάδος πρῶτος ἂν εἴη
ὅρμος ἐν Πιτυοῦντι· στάδιοι τριακόσιοι πεντήκοντα.
Ἐνθένδε ἐς τὴν Νιτικὴν στάδιοι πεντήκοντα καὶ ἑκατόν,
ἵναπερ πάλαι ᾤκει ἔθνος Σκυθικόν, οὗ μνήμην ποιεῖται ὁ
λογοποιὸς Ἡρόδοτος, 2 καὶ λέγει τούτους εἶναι τοὺς
φθειροτρωκτέοντας· καὶ γὰρ εἰς τοῦτο ἔτι ἡ δόξα ἡ αὐτὴ
ὑπὲρ αὐτῶν κατέχει. Ἐκ δὲ Νιτικῆς εἰς Ἄβασκον ποταμὸν στάδιοι ἐνενήκοντα. Ὁ δὲ Βόργυς τοῦ Ἀβάσκου
διέχει σταδίους ἑκατὸν καὶ εἴκοσιν, καὶ ὁ Νῆσις τοῦ

17 2-3 : Τὰ μὲν οὖν — βουλεύσασθαι 9v 38-41 (42, 12 p. 178-179).
18 1 : Ὁρμισθεῖσιν — Σεβαστοπόλεως 9v 41-42 (42, 13, l. 3-5) ‖ 18
1-2 : Ἀπὸ δὲ Πιτυοῦντος — χώραν [...] σταδ ρ̅ν̅ — εἰς Ἄβασκον
ποταμὸν σταδ ϟ 9v 43-45 (42, 15, l. 11-17) ‖ 18 2-3 : Ἀπὸ δὲ Ἀβάσκου
— ἄκραν ἔχει [...] σταδ ξ̅ — Ἀχαιοῦντα ποταμοῦ [...] στάδια ξ̅ [...]
διορίζει — παρὰ σοῦ ἔχει 9v 45-10r 3 (42, 15, l. 17 p. 179 — l. 3
p. 180).

17 1 ἀθροίζονται Müll. : -τες P ‖ 17 2 οὖν Roos ex 1 : om. P ‖ 17 3
ὑπάρχοι P : -άρχειν l Roos ‖ 18 1 ἐς τὴν Νιτικὴν P : εἰς Στεννιτικὴν l.

de 60 stades le Nésis du Borgys, là où s'avance aussi le cap
Héraclès [188]. [3] Du Nésis au Masaïtikè, 90 stades [189]. De
là à l'Achaionte, 60 stades, fleuve qui sépare les Zilches et
les Saniges [190]. Le roi des Zilches est Stachemphax. Lui
aussi a reçu de toi son royaume [191]. De l'Achaionte au cap
Héraclès, 150 stades [192]. De là au cap où se trouve un abri
contre le thraskias et le borée, 180 [193]. [4] De là au lieu dit
Vieille Lazique, 120 stades [194]. De là à Vieille Achaïe,
150 [195], et de là au port de Pagra, 350 [196]. Du port de
Pagra au port Sacré, 180 [197]. De là à Sindikè, 300 [198].

19. [199] De Sindikè au Bosphore appelé Cimmérien [200] et
à Panticapée, ville du Bosphore, 540 [201]. De là 60 jusqu'au
fleuve Tanaïs qui, dit-on, sépare l'Europe de l'Asie [202]. Il
s'élance du Palus Méotide et se jette dans la mer, le Pont-
Euxin [203]. [2] Eschyle cependant, dans le *Prométhée
délivré*, fait du Phase la limite entre l'Europe et l'Asie. Les
Titans, en tout cas, disent dans sa pièce, s'adressant à
Prométhée :

188. Νῆσις : pour Herrmann, *RE* XVII (1936), col. 78, *s.v.*, n⁰ 2, il
s'agit du Bzyb (à la hauteur du cap Pitzunda, donc beaucoup trop au
sud); pour Kiessling (*art. cit.*, n. 186), ce serait le Sotchi (trop au
nord, semble-t-il). Le seul accident notable de la côte entre Gagra et
Sotchi, pouvant correspondre au cap Héraklès, se trouve au sud
d'Adler où débouche aussi un fleuve : la Mzynta (cf. Baschmakoff,
carte ; Müller, *GGM* III, carte XVIII, et *GGM* I, p. 393). Cf. Pline,
VI, 16 : *C̄ a Dioscuriade oppidum Heracleum distat, a Sebastopoli
L̄X̄X̄.* Malgré la différence entre les distances données par Arrien
(770 stades) et Pline (480 ou 560 stades : cf. Müller, *ibid.*), il doit
bien s'agir du même cap Héraklès portant une localité du même nom ;
auj. le cap Adler. Deux caps portent ce nom dans Arrien (cf. 18, 3) :
selon Lordkipanidze ((5), p. 206), le culte d'Héraklès, qui avait
délivré Prométhée enchaîné au Caucase, était célébré dans la région
(actuelle Géorgie). — Sur ἄκρα ἀνέχει voir l'apparat critique ; Reuss
(p. 389) fait une remarque qui parle en faveur de l'authenticité de
l'ensemble du *Périple* : Arrien emploie ἀνέχειν avec prédilection : cf.
P. P. Eux., 12, 4 ; *Ind.*, 3, 3.5 ; 26, 4.10 ; 32, 6.7.7 ; 43, 9 ; *Anab.*, II,
22, 7 ; V, 11, 1 ; VI, 5, 4 ; VII, 20, 8. Anon., 9v 46 : ἄκραν ἔχει.
189. Cité seulement par l'Anon. : Μασετίκη (10r 1). C'est
probablement auj. la Macesta, au sud de Sotchi (cf. Müller, *GGM* I,
p. 393 ; Baschmakoff : carte 12ᵉ section). Kiessling (*RE* VIII (1913),
col. 500, *s.v.* « Herakleion », n⁰ 9 et 10) le situe trop au nord et
l'assimile au Vardane, au nord de Sotchi.
190-203. *Notes complémentaires*, p. 50-54.

Βόργυος, ἵναπερ καὶ Ἡράκλειον ἄκρα ἀνέχει, σταδίους ἑξήκοντα. 3 Ἀπὸ δὲ Νήσιος ἐς Μασαϊτικὴν στάδιοι ἐνενήκοντα. Ἐνθένδε εἰς Ἀχαιοῦντα στάδιοι ἑξήκοντα, ὅσπερ ποταμὸς διορίζει Ζιλχοὺς καὶ Σανίγας. Ζιλχῶν βασιλεὺς Σταχέμφαξ. Καὶ οὗτος παρὰ σοῦ τὴν βασιλείαν ἔσχεν. Ἀπὸ Ἀχαιοῦντος εἰς Ἡράκλειαν ἄκραν πεντήκοντα καὶ ἑκατὸν στάδιοι. Ἐνθένδε εἰς ἄκραν, ἵναπερ σκέπη ἐστὶν ἀνέμου θρασκίου καὶ βορρᾶ, ὀγδοήκοντα καὶ ἑκατόν. 4 Ἐνθένδε εἰς τὴν καλουμένην Παλαιὰν Λαζικὴν εἴκοσιν καὶ ἑκατὸν στάδιοι. Ἐνθένδε ἐς τὴν Παλαιὰν Ἀχαιΐαν πεντήκοντα καὶ ἑκατόν, καὶ ἔνθεν ἐς Πάγρας λιμένα πεντήκοντα καὶ τριακόσιοι. Ἀπὸ δὲ Πάγρας λιμένος εἰς Ἱερὸν λιμένα ὀγδοήκοντα καὶ ἑκατόν. Ἐνθένδε εἰς Σινδικὴν τριακόσιοι.

19. Ἀπὸ δὲ Σινδικῆς εἰς Βόσπορον τὸν Κιμμέριον καλούμενον καὶ πόλιν τοῦ Βοσπόρου Παντικάπαιον τεσσαράκοντα καὶ πεντακόσιοι. Ἐνθένδε ἐπὶ Τάναϊν ποταμὸν ἑξήκοντα, ὃς λέγεται ὁρίζειν ἀπὸ τῆς Ἀσίας τὴν Εὐρώπην. Καὶ ὁρμᾶται μὲν ἀπὸ λίμνης τῆς Μαιώτιδος, ἐσβάλλει δὲ εἰς θάλασσαν τὴν τοῦ Εὐξείνου Πόντου. 2 Καίτοι Αἰσχύλος ἐν Προμηθεῖ Λυομένῳ τὸν Φᾶσιν ὅρον τῆς Εὐρώπης καὶ τῆς Ἀσίας ποιεῖ. Λέγουσιν γοῦν ⟨παρ'⟩ αὐτῷ οἱ Τιτᾶνες πρὸς τὸν Προμηθέα ὅτι

18 3-4 : cf. Ἀπὸ δὲ Ἀχαιοῦντος — σταδ ⸗ 9v 3-10r 12 (42, 17-21) ‖ 18 4 : cf. ST. BYZ. s.v. Λαζοί · Σκυθῶν ἔθνος · ἔστι καὶ χωρίον Παλαιὰ Λαζική, ὡς Ἀρριανός.
19 1 : ἀπὸ Σινδικῆς — σταδ φμ̅ 10r 23 (42, 26) ‖ 19 1-3 : Ὅστις Τάναϊς — ἀμφὶ τῶν .θ 10r 27-11r 5 (42, 29) ‖ 19 2 : cf. PROCOP., B.G., IV, 6, 15 καὶ ὁ τραγῳδοποιὸς Αἰσχύλος ἐν Προμηθεῖ τῷ λυομένῳ εὐθὺς ἀρχόμενος τῆς τραγῳδίας τὸν ποταμὸν Φᾶσιν τέρμονα καλεῖ γῆς τε τῆς Ἀσίας καὶ τῆς Εὐρώπης.

18 2 Ἡράκλειον ἄκρα ἀνέχει ego : Ἡράκλειος ἄκρα ἀνέχει Müll. Ἡράκλειον ἄκραν ἔχει P l Ἡράκλειαν v ‖ 18 3 Σανίγας Müll. (cf. 11, 3) : Σάνιχας P l ‖ θρασκίου edd. : θρασ- P. ‖ 19 2 παρ' αὐτῷ Wilam. (Aesch. trag., p. 68) : omis. παρ' P.

« Nous sommes venus,
Prométhée, contempler tes épreuves
Et ton tourment en ces liens. »

Puis ils passent en revue l'étendue de pays qu'ils ont parcourue :

« Où le puissant Phase est la limite commune
De la terre d'Europe et de celle d'Asie [204]. »

[3] Quant au périple complet du Palus Méotide, il est, dit-on [205], d'environ 9.000 stades [206]. De Panticapée au bourg de Cazéca, situé au bord de la mer, 420 stades [207]. De là à Théodosia, une ville déserte, 280 stades. [4] Celle-ci aussi était autrefois une ville grecque ionienne, colonie de Milet, dont il est fait mention dans beaucoup d'ouvrages [208]. De là au port des Scythotaures, abandonné, 200 stades [209] ; de là à Lampas en Tauride, 600 stades [210]. [5] De Lampas à Port Symbolon, lui aussi en Tauride, 520 stades [211]. Et de là à Cherronèsos en Tauride, 180 [212]. De Cherronèsos à Kerkinitis, 600 stades [213], et de Kerkinitis à Port Calos, lui aussi en Scythie, encore 700 [214].

20. De Port Calos à Tamyrakè, 300 ; en deçà de Tamyrakè il y a une lagune qui n'est pas grande [215]. De là au débouché de la lagune, encore 300 [216]. Du débouché de la lagune à Eiones, 380 stades [217]. De là au fleuve

---

204-216. *Notes complémentaires*, p. 54-57.

217. Anon., 13r 17 (d'après Ménippe) : ἠὼν σφόδρα μακρὰ καὶ στενή ; cf. Strab., VII, 3, 19, décrivant la Course d'Achille (presqu'île de Tendra) comme une ἁλιτενὴς χερσόνησος, une ταινία, à laquelle il donne 1000 stades de long (= 180 km environ), alors que l'Anonyme lui en donne 1200, et Pline, IV, 83 : 80 milles (118 km). La presqu'île de Tendra fait environ 180 km de long ; elle est aussi mentionnée sous le nom de « Carrière d'Achille » par Hdt., IV, 85 ; Méla, II, 5 ; Eust., *ad Dionys. Perieg.*, 306. Cf. Latyschev, I², n. 328 sq. ; voir Minns, p. 14-16. Il est probable, comme le pense Müller (p. 396), que 'Ηϊόνες ne représente pas une localité mais le nom donné à ce cordon littoral et synonyme de ταινία et de ἁλιτενὴς χερσόνησος.

« ἥκομεν

τοὺς σοὺς ἄθλους τούσδε, Προμηθεῦ,
δεσμοῦ τε πάθος τόδ' ἐποψόμενοι. »

Ἔπειτα καταλέγουσιν ὅσην χώραν ἐπῆλθον ·

« πῆ μὲν δίδυμον χθονὸς Εὐρώπης
μέγαν ἠδ' Ἀσίας τέρμονα Φᾶσιν. »

3 Τῆς δὲ λίμνης τῆς Μαιώτιδος περίπλους ἐν κύκλῳ
λέγεται σταδίων ἀμφὶ τοὺς ἐνακισχιλίους. Ἀπὸ δὲ
Παντικαπαίου εἰς κώμην Καζέκα ἐπὶ θαλάττῃ ᾠκισμένην
στάδιοι εἴκοσι καὶ τετρακόσιοι. Ἐνθένδε ἐς Θεοδοσίαν
πόλιν ἐρήμην στάδιοι ὀγδοήκοντα καὶ διακόσιοι. 4 Καὶ
αὕτη πάλαι ἦν Ἑλλὰς πόλις Ἰωνική, Μιλησίων ἄποικος,
καὶ μνήμη ἐστὶν αὐτῆς ἐν πολλοῖς γράμμασιν. Ἐνθένδε
εἰς λιμένα Σκυθοταύρων ἔρημον στάδιοι διακόσιοι · καὶ
ἔνθεν εἰς Λαμπάδα τῆς Ταυρικῆς στάδιοι ἑξακόσιοι.
5 Ἀπὸ δὲ Λαμπάδος εἰς Συμβόλου λιμένα, Ταυρικὸν καὶ
τοῦτον, στάδιοι εἴκοσι καὶ πεντακόσιοι. Καὶ ἔνθεν ἐς
Χερρόνησον τῆς Ταυρικῆς ὀγδοήκοντα καὶ ἑκατόν. Ἀπὸ
δὲ Χερρονήσου ἐς Κερκινῖτιν στάδιοι ἑξακόσιοι, καὶ ἀπὸ
Κερκινίτιδος ἐς Καλὸν λιμένα, Σκυθικὸν καὶ τοῦτον,
ἄλλοι ἑπτακόσιοι. 20. Ἐκ δὲ Καλοῦ λιμένος ἐς Ταμυράκην τριακόσιοι ·
ἔσω δὲ τῆς Ταμυράκης λίμνη ἐστὶν οὐ μεγάλη. Καὶ ἔνθεν
εἰς τὰς ἐκροὰς τῆς λίμνης ἄλλοι τριακόσιοι. Ἐκ δὲ τῶν
ἐκροῶν τῆς λίμνης ἐς Ἠϊόνας στάδιοι ὀγδοήκοντα καὶ
τριακόσιοι. Καὶ ἔνθεν ἐς ποταμὸν Βορυσθένην πεντήκον-

19 3-4 : cf. εἰς κώμην Καζέκα — συγγράμμασιν 11v 25-12r 30 (51,
l. 13-18 p. 415) ‖ 19 4-5 : cf. Σκυθοταύρων — οὐ μεγάλη 12v 5-13r 15
(52-57).

19 4 Λαμπάδα p (cf. 19, 5 Λαμπάδος P) : Ἀλμιτίδα P ‖ 19 5
Κερκινῖτιν Gail : -νῆτιν P -νίτην p ‖ Κερκινίτιδος p : -νήτιδος P ‖ 20 1
ἠιόνας aut ἠόνας Müll. : ἠόν- P.

Borysthène, 150 [218]. [2] Sur le Borysthène, quand on le remonte par bateau, est établie une cité grecque du nom d'Olbia [219]. Du Borysthène jusqu'à une petite île, déserte et sans nom, 60 stades [220]. Et de là à Odessos, 80. À Odessos, un mouillage pour les bateaux [221]. Après Odessos vient Port des Istriens. Jusque là, 250 stades [222]. [3] Ensuite vient Port des Isiaques. Jusque là, 50 stades [223]. De là jusqu'à la bouche de l'Ister appelée Psilon, 1.200. L'intervalle est désert et sans nom [224].

21. Juste en face de cette bouche, tout droit quand, sous le souffle de l'aparkias [225], on navigue vraiment en pleine mer, s'étend à proximité une île que les uns appellent île d'Achille, d'autres Course d'Achille, d'autres encore Leukè pour sa couleur. Thétis l'aurait consacrée à son fils et Achille l'habiterait. Elle renferme un temple d'Achille et une statue de facture antique [226]. [2] Si l'île est dépourvue d'êtres humains, il y pâture des chèvres, peu nombreuses. Tous ceux qui y abordent en offrent, dit-on, en sacrifice à Achille [227]. Et il y a aussi beaucoup d'autres offrandes dédiées dans le temple : coupes, anneaux, pierres de prix ; tout cela en témoignage de reconnaissance à Achille. On y dédie aussi des inscriptions, les unes en latin, les autres en grec, en mètres variés, à la louange d'Achille, et quelques-unes aussi de Patrocle [228] ; [3] car tous ceux qui veulent complaire à Achille honorent aussi Patrocle en même temps qu'Achille [229]. Des oiseaux en grand nombre séjournent sur l'île : mouettes, sternes, corneilles de mer, en quantité innombrable. [4] Ces

---

218-227. *Notes complémentaires*, p. 58-61.

228. Il ne subsiste qu'une inscription de ce type : *IPE* I² 326 (voir n. 226). Sur le temple, cf. Pline, X, 78 ; Dion Chrys., *Or.*, XXXVI, 9B.3A.51D ; Paus., III, 19, 11 ; Max. de Tyr., 15, 7, p. 111. Sur le caractère sacré de l'île : Ps.-Scyl., 68 ; Ov., *Ib.*, 329 ; Strab., VII, 3, 16 ; etc. L'Anon., 14v 3, ne fait pas allusion à Patrocle. Il enchaîne par la description des autres embouchures du Danube.

229. De même, en Thessalie, on invoquait Patrocle ὡς καὶ τοῦτο ἐς χάριν τῷ Ἀχιλλεῖ πράττοντες (Philostr., *Her.*, XX, 27). Cf. n. 240.

τα καὶ ἑκατόν. 2 Κατὰ δὲ τὸν Βορυσθένην ἄνω πλέοντι
πόλις Ἑλλὰς ὄνομα Ὀλβία πεπόλισται. Ἀπὸ δὲ Βορυσθένους ἐπὶ νῆσον σμικράν, ἐρήμην καὶ ἀνώνυμον, στάδιοι
ἑξήκοντα. Καὶ ἔνθεν εἰς Ὀδησσὸν ὀγδοήκοντα. Ἐν
Ὀδησσῷ ὅρμος ναυσίν. Ἀπὸ δὲ Ὀδησσοῦ ἔχεται Ἰστριανῶν λιμήν. Στάδιοι ἐς αὐτὸν πεντήκοντα καὶ διακόσιοι. 3 Ἐνθένδε ἔχεται Ἰσιακῶν λιμήν. Στάδιοι ἐς αὐτὸν
πεντήκοντα. Καὶ ἔνθεν εἰς τὸ Ψιλὸν καλούμενον στόμα
τοῦ Ἴστρου διακόσιοι καὶ χίλιοι. Τὰ δὲ ἐν μέσῳ ἔρημα καὶ
ἀνώνυμα. 21. Κατὰ τοῦτο μάλιστα τὸ στόμα ἐπ' εὐθὺ πλέοντι
ἀνέμῳ ἀπαρκίᾳ ἰδίως τὸ πέλαγος νῆσος πρόσκειται,
ἥντινα οἱ μὲν Ἀχιλλέως νῆσον, οἱ δὲ Δρόμον Ἀχιλλέως,
οἱ δὲ Λευκὴν ἐπὶ τῆς χροιᾶς ὀνομάζουσιν. Ταύτην
λέγεται Θέτις ἀνεῖναι τῷ παιδί, καὶ ταύτην οἰκεῖν τὸν
Ἀχιλλέα. Καὶ νεώς ἐστιν ἐν αὐτῇ τοῦ Ἀχιλλέως, καὶ
ξόανον τῆς παλαιᾶς ἐργασίας. 2 Ἡ δὲ νῆσος ἀνθρώπων
μὲν ἐρήμη ἐστίν, νέμεται δὲ αἰξὶν οὐ πολλαῖς. Καὶ ταύτας
ἀνατιθέναι λέγονται τῷ Ἀχιλλεῖ ὅσοι προσίσχουσι. Καὶ
ἄλλα πολλὰ ἀναθήματα ἀνάκειται ἐν τῷ νεῷ, φιάλαι καὶ
δακτύλιοι καὶ λίθοι τῶν πολυτελεστέρων· ταῦτα σύμπαν-
τα χαριστήρια τῷ Ἀχιλλεῖ. Ἀνάκειται καὶ ἐπιγράμματα,
τὰ μὲν Ῥωμαϊκῶς, τὰ δὲ Ἑλληνικῶς πεποιημένα ἐν ἄλλῳ
καὶ [ἐν] ἄλλῳ μέτρῳ, ἔπαινοι τοῦ Ἀχιλλέως, ἔστιν δὲ ἃ
καὶ τοῦ Πατρόκλου. 3 Καὶ γὰρ καὶ τὸν Πάτροκλον
τιμῶσιν σὺν τῷ Ἀχιλλεῖ ὅσοι τῷ Ἀχιλλεῖ χαρίζεσθαι
ἐθέλουσιν. Ὄρνιθες δὲ πολλοὶ αὐλίζονται ἐν τῇ νήσῳ,
λάροι καὶ αἴθυιαι καὶ κορῶναι αἱ θαλάσσιοι τὸ πλῆθος οὐ
σταθμητοί. 4 Οὗτοι οἱ ὄρνιθες θεραπεύουσιν τοῦ Ἀχιλ-

20 2 : cf. Ἀπὸ δὲ Βορυσθένους — Ἰακὼ λιμένος 13v 15-20 (61, l. 27
p. 417 — l. 4 p. 418).
21 1 : Κατὰ τοῦτο μάλιστα — ὀνομάζουσιν 14r 10-15 (64) ‖ 21 1-3 :
Ταύτην τὴν νῆσον — Ἀχιλλέως 14r 20-14v 1 (66).

21 1 πρόσκειται P : πρόκει- p Roos ‖ 21 2 καὶ ἄλλῳ p : καὶ ἐν ἄλλῳ
P.

oiseaux font le service du temple d'Achille. Dès l'aurore, quotidiennement, ils s'en vont piquer dans la mer ; puis, sortant de la mer les ailes trempées, ils retournent à tire d'ailes au temple et aspergent le temple. Cette tâche une fois menée à bien, ceux-ci nettoient à son tour le sol de leurs ailes [230].

22. Il en est qui racontent encore ceci : parmi ceux qui ont abordé dans l'île, les uns, qui s'y rendent intentionnellement, emportent à bord des victimes dont ils immolent une partie et relâchent [231] l'autre en l'honneur d'Achille ; [2] d'autres y abordent contraints par la tempête et demandent, eux, une victime au dieu lui-même, qu'ils consultent sur les sacrifices à faire, afin de savoir s'il est préférable et meilleur pour eux d'immoler telle bête choisie par eux à leur convenance au pâturage, en même temps qu'ils déposent la somme qui leur paraît appropriée [232]. [3] Si l'oracle refuse (car on rend des oracles dans ce temple), ils ajoutent à la somme ; s'il refuse encore, ils ajoutent encore ; quand il accepte, ils comprennent que la somme est suffisante [233]. [4] La victime, à ce moment, se présente d'elle-même et ne cherche plus à s'enfuir. Voilà pourquoi il y a de l'argent en quantité, consacré au héros comme prix des victimes [234].

23. Achille, dit-on encore, apparaît en songe à ceux qui abordent dans l'île, comme aussi à ceux qui naviguent lorsqu'ils se trouvent dans ses parages, et leur indique l'endroit de l'île où il est préférable d'accoster, et où de jeter l'ancre [235]. D'autres disent qu'Achille leur est apparu, même lorsqu'ils étaient en état de veille, au sommet du mât ou à l'extrémité de la vergue, à la façon des Dioscures [236]. [2] La seule infériorité, selon eux, d'Achille sur les Dioscures réside dans le fait que les Dioscures se manifestent partout aux navigateurs et que leur apparition est salutaire, tandis que celui-là se montre à ceux qui s'approchent déjà de l'île [237]. D'autres disent avoir vu également Patrocle en songe [238]. [3] Voilà sur l'île d'Achille ce que j'ai noté pour l'avoir entendu de ceux qui y ont eux-mêmes abordé ou qui tiennent d'autrui leur informa-

λέως τὸν νεών. Ἕωθεν ὁσημέραι καταπέτονται εἰς τὴν
θάλασσαν· ἔπειτα ἀπὸ τῆς θαλάσσης βεβρεγμένοι τὰ
πτερὰ σπουδῇ αὖ εἰσπέτονται εἰς τὸν νεών, καὶ ῥαίνουσιν
τὸν νεών. Ἐπειδὰν δὲ καλῶς ἔχῃ, οἳ δὲ ἐκκαλλύνουσιν αὖ
τὸ ἔδαφος τοῖς πτεροῖς.

22. Οἳ δὲ καὶ τάδε ἱστοροῦσιν· τῶν προσεσχηκότων τῇ
νήσῳ ἱερεῖα τοὺς μὲν ἐξεπίτηδες πλέοντας ἐς αὐτὴν ἐπὶ
ταῖς ναυσὶν κομίζειν, καὶ τούτων τὰ μὲν καταθύειν τὰ δὲ
ἀφιέναι τῷ Ἀχιλλεῖ· 2 τοὺς δέ τινας ὑπὸ χειμῶνος
ἐξαναγκασθέντας προσέχειν, καὶ τούτους παρ' αὐτοῦ τοῦ
θεοῦ αἰτεῖν ἱερεῖον, χρωμένους ἐπὶ τῶν ἱερείων εἰ λῷόν
σφισιν καὶ ἄμεινον θῦσαι ὅτι περ αὐτοὶ τῇ γνώμῃ
ἐπιλέξαιντο νεμόμενον, τιμὴν ἅμα καταβάλλοντες τὴν
ἀξίαν σφισὶν δοκοῦσαν. 3 Εἰ δὲ ἀπαγορεύοι ὁ χρησμός
— εἶναι γὰρ χρησμοὺς ἐν τῷ νεῷ —, προσβάλλειν
τῇ τιμῇ· εἰ δὲ ἔτι ἀπαγορεύοι, ἔτι προσβάλλειν.
Συγχωρήσαντος δὲ γιγνώσκειν ὅτι ἀποχρῶσα ἡ τιμή
ἐστιν. 4 Τὸ δὲ ἱερεῖον ἵστασθαι ἐπὶ τῷδε αὐτόματον, μηδὲ
ἀποφεύγειν ἔτι. Καὶ τοῦτο δὴ πολὺ ἀνακεῖσθαι τὸ
ἀργύριον τῷ ἥρῳ τὰς τιμὰς ἱερείων.

23. Φαίνεσθαι δὲ ἐνύπνιον τὸν Ἀχιλλέα τοῖς μὲν προ-
σχοῦσι τῇ νήσῳ, τοῖς δὲ καὶ πλέουσιν, ἐπειδὰν οὐ πόρρω
αὐτῆς ἀπόσχωσιν, καὶ φράζειν ὅπου προσχεῖν τῆς νήσου
ἄμεινον καὶ ὅπου ὁρμίσασθαι. Οἳ δὲ καὶ ὕπαρ λέγουσιν
φανῆναί σφισιν ἐπὶ τοῦ ἱστοῦ ἢ ἐπ' ἄκρου τοῦ κέρως τὸν
Ἀχιλλέα, καθάπερ τοὺς Διοσκόρους· 2 τοσόνδε μόνον
τῶν Διοσκούρων μεῖον ἔχειν τὸν Ἀχιλλέα, ὅσον οἱ μὲν
Διόσκουροι τοῖς πανταχοῦ πλοϊζομένοις ἐναργεῖς φαί-
νονται καὶ φανέντες σωτῆρες γίνονται, ὃ δὲ τοῖς πελάζου-
σιν ἤδη τῇ νήσῳ. Οἳ δὲ καὶ τὸν Πάτροκλόν σφισιν
ὀφθῆναι ἐνύπνιον λέγουσιν. 3 Τάδε μὲν ὑπὲρ τῆς νήσου
τῆς τοῦ Ἀχιλλέως ἀκοὴν ἀνέγραψα τῶν ἢ αὐτῶν προσχόντων ἢ ἄλλων πεπυσμένων· καί μοι δοκεῖ οὐκ ἄπιστα

22 2 ἐπὶ P : περὶ Herch. Roos ‖ 23 1 ἄκρου Herch. : -ρῳ P.

tion ; et cela ne me semble pas incroyable[239]. [4] Car pour ma part je crois qu'Achille est le héros par excellence si j'en juge par sa noblesse, sa beauté, sa force d'âme, la vie qu'il quitta en sa jeunesse, le poème d'Homère à sa gloire, l'amour et l'amitié dont il fit preuve au point même de choisir de suivre dans la mort celui qu'il aimait[240].

24. De la bouche de l'Ister[241] appelée Psilon à la seconde bouche, 60 stades[242]. De là jusqu'à la bouche appelée Calon, 40 stades. Et de Calon jusqu'à Naracon, nom donné à la quatrième bouche de l'Ister, 60 stades[243]. [2] De là jusqu'à la cinquième, 120[244], et de là à la ville d'Istria, 500 stades[245]. De là à la ville de Tomis, 300 stades[246]. [3] De Tomis à la ville de Callatis, encore 300 ; un mouillage pour les bateaux[247]. De là à Port des Cariens, 180 ; le territoire autour du port est appelé Carie[248]. De Port des Cariens à Tétrisias, 120 stades[249]. De là à Bizônè, un lieu désert, 60 stades[250]. [4] De Bizônè à Dionysopolis, 80 stades[251]. De là à Odessos, 200 ; un mouillage pour les bateaux[252]. D'Odessos au piémont de l'Haemos qui descend jusqu'au Pont, 360 stades. Là aussi, un mouillage pour les bateaux[253]. [5] De l'Haemos à la ville de Mésembria, 90 ; un mouillage pour les bateaux[254]. De

239-250. *Notes complémentaires*, p. 62-64.

251. Dionysopolis (Ptol., III, 10, 3) fut appelée d'abord Krounoi (Anon., 15r 21-22 ; Pline, IV, 44. Cf. aussi Strab., VII, 6, 1 ; Méla, II, 22). Site à Balčik, au nord de Varna. Cf. Danoff, col. 1077-1078.

252. Anon., 15r 29-30. Pline, IV, 45 ; Strab., VII, 6, 1 ; Ptol., III, 10, 3 ; etc. Auj. Varna. Cf. Boardman (2), p. 247 ; R. F. Hoddinott, *Bulgaria in Antiquity*, 1975, p. 49 sq.

253. L'Haemos (Strab., VII, 5, 1 ; etc.) : la chaîne des Balkans (Stara Planitza) se prolonge jusqu'en mer Noire par un cap, le cap Ermine, au nord de Mesembria. Le seul mouillage possible répondant à celui dont parle Arrien semble être la baie de Varna, qui entaille profondément la côte, laquelle n'offre, autrement, que de faibles échancrures jusqu'au cap Ermine. Sur la limite entre les provinces romaines de Thrace et de Mésie, cf. Gerov, notamment p. 215, 227-228, 230-231.

254. Mesembria, auj. Nesebăr (avec un bon port) est abondamment citée par les Anciens : Hdt., IV, 93 ; Strab., VII, 6, 1 ; Méla, II, 22 ; Pline, IV, 45 ; Ptol., III, 10, 3 ; etc. Sur son appartenance, sous l'Empire, à la province de Mésie ou de Thrace, cf. Gerov, *loc. cit.* Voir Danoff, col. 1071-1074 ; Boardman (1), p. 34-35.

εἶναι. 4 Ἀχιλλέα γὰρ ἐγὼ πείθομαι εἴπερ τινὰ καὶ ἄλλον ἥρωα εἶναι, τῇ τε εὐγενείᾳ τεκμαιρόμενος καὶ τῷ κάλλει καὶ τῇ ῥώμῃ τῆς ψυχῆς καὶ τῷ νέον μεταλλάξαι ἐξ ἀνθρώπων καὶ τῇ Ὁμήρου ἐπ' αὐτῷ ποιήσει καὶ τῷ ἐρωτικὸν γενέσθαι καὶ φιλέταιρον, ὡς καὶ ἐπαποθανεῖν ἐλέσθαι τοῖς παιδικοῖς.

24. Ἀπὸ δὲ τοῦ Ψιλοῦ καλουμένου στόματος τοῦ Ἴστρου ἐς τὸ δεύτερον στόμα στάδιοι ἑξήκοντα. Ἐνθένδε ἐπὶ τὸ Καλὸν καλούμενον στόμα στάδιοι τεσσαράκοντα. Καὶ ἀπὸ τοῦ Καλοῦ ἐπὶ τὸ Νάρακον ὧδε ὀνομαζόμενον στόμα τέταρτον τοῦ Ἴστρου στάδιοι ἑξήκοντα. 2 Ἐνθένδε ἐπὶ τὸ πέμπτον εἴκοσι καὶ ἑκατόν, καὶ ἔνθεν εἰς Ἰστρίαν πόλιν στάδιοι πεντακόσιοι. Ἐνθένδε ἐς Τομέα πόλιν στάδιοι τριακόσιοι. 3 Ἀπὸ δὲ Τομέως εἰς Κάλλατιν πόλιν ἄλλοι τριακόσιοι· ὅρμος ναυσίν. Ἐνθένδε ἐς Καρῶν λιμένα ὀγδοήκοντα καὶ ἑκατόν· καὶ ἡ γῆ ἐν κύκλῳ τοῦ λιμένος Καρία κληΐζεται. Ἀπὸ δὲ Καρῶν λιμένος ἐς Τετρισιάδα στάδιοι εἴκοσι καὶ ἑκατόν. Ἐνθένδε εἰς Βιζώνην χῶρον ἔρημον στάδιοι ἑξήκοντα. 4 Ἀπὸ δὲ Βιζώνης εἰς Διονυσόπολιν στάδιοι ὀγδοήκοντα. Ἐνθένδε εἰς Ὀδησσὸν διακόσιοι· ὅρμος ναυσίν. Ἐκ δὲ Ὀδησσοῦ ἐς τοῦ Αἵμου τὰς ὑπωρείας, αἳ δὴ εἰς τὸν Πόντον καθήκουσιν, στάδιοι τριακόσιοι ἑξήκοντα. Καὶ δεῦρο ὅρμος ναυσίν. 5 Ἐκ δὲ τοῦ Αἵμου εἰς Μεσημβρίαν πόλιν ἐνενήκοντα· ὅρμος ναυσίν. Καὶ ἐκ Μεσημβρίας εἰς Ἀγ-

---

24 1 : Ἀπὸ δὲ τοῦ Ψιλοῦ — Ἴστρου σταδ ξ̄ 14v 1-5 (67, l. 25-30) ||
24 2 : cf. St. Byz. s.v. Ἴστρος· Ἀρριανὸς δὲ Ἰστρίαν ὡς Ὀλβίαν αὐτήν φησι || 24 3 : cf. Ἀπὸ δὲ Τομέων — εἰς Διονυσόπολιν σταδ π̄ 15r 5-20 (73-77) || 24 4 : Ἀπὸ δὲ Διονυσοπόλεως — σταδ σ̄ [...]. Ἀπὸ δὲ Ὀδησσοῦ — σταδ σξ̄ 15r 25-15v 1 (79 et 81).

24 2 Τομέα Herch. Roos : -μέας P -μέαν p || 24 3 Τομέως Herch. Roos : -μέας P -μέων p || Κάλλατιν Herch. : Κάλλαντραν P κάλατιν p || Βιζώνην p Herch. : -ζον P || 24 4 Βιζώνης Herch. : Βίζου P Βιζῶνος p.

Mésembria à la ville d'Anchialos, 70 stades[255], et d'Anchialos à Apollônia, 180[256]. [6] Ce sont là toutes des villes grecques[257], établies en Scythie, à gauche pour un navigateur pénétrant dans le Pont[258]. D'Apollônia à Cherronèsos, 60 stades ; un mouillage pour les bateaux[259]. De Cherronèsos au Mur d'Aulaios, 250[260]. De là au cap Thynias, 120[261].

25. De Thynias à Salmydessos, 200 stades. Xénophon l'Ancien fait mention de ce pays ; c'est là, dit-il, qu'est parvenue la troupe des Grecs, dont lui-même était le chef, lors de la dernière campagne avec le Thrace Seuthès. [2] Et sur le manque de ports dans cette région il a donné beaucoup de détails : les navires qui, poussés de force par la tempête, viennent s'y échouer ; les Thraces du voisinage qui se disputent les épaves[262]. [3] De Salmydessos à Phrygia, 330 stades[263]. De là jusqu'aux Cyanées, 320. Ce sont là les Cyanées qui, selon les poètes, étaient jadis errantes et que franchit la première la nef Argô menant Jason en Colchide[264]. [4] Des Cyanées jusqu'au sanctuaire de Zeus Ourios, où se trouve l'embouchure du Pont, 40 stades[265]. De là au port de Daphnè appelée la Furieuse, 40 stades[266]. De Daphnè à Byzance, 80[267].

Voilà donc pour la portion qui va du Bosphore Cimmérien au Bosphore Thrace et à la ville de Byzance[268].

258-268. *Notes complémentaires*, p. 64-66.

255. Strab., VII, 6, 1 (fondée par Apollonia) ; Méla, II, 22 ; Pline, IV, 45 ; Ptol., III, 11, 3 ; etc. C'est auj. Pomorije (côte nord du golfe de Bourgas). Cf. Delev, p. 16 ; Danoff, col. 1070.

256. Hdt., IV, 90 ; Strab., VII, 6, 1 ; Pline, IV, 92 ; Ptol., III, 11, 4 ; etc. Ruines près de Sozopol, sur l'îlot de Sᵗ Kiriak (cf. Boardman (1), p. 34, et, du même (2), p. 246-247 ; Danoff, col. 1067-1071).

257. Ces fondations grecques, cités autrefois prospères, furent les premières à reconnaître le pouvoir de Rome dès l'époque d'Auguste. « Leur chance unique de retrouver un peu de leur ancienne prospérité était l'instauration d'une puissante force politique sur le Danube et la mer Noire » (Rostovtseff (1), p. 188). Cf. Delev, p. 15-16.

χίαλον πόλιν στάδιοι ἑβδομήκοντα, καὶ ἐξ Ἀγχιάλου εἰς
Ἀπολλωνίαν ὀγδοήκοντα καὶ ἑκατόν. 6 Αὗται πᾶσαι αἱ
πόλεις Ἑλληνίδες εἰσίν, ᾠκισμέναι ἐν τῇ Σκυθίᾳ, ἐν
ἀριστερᾷ ἐσπλέοντι εἰς τὸν Πόντον. Ἐκ δὲ Ἀπολλωνίας
ἐς Χερρόνησον στάδιοι ἑξήκοντα · ὅρμος ναυσίν. Καὶ ἐκ
Χερρονήσου ἐς Αὐλαίου τεῖχος πεντήκοντα καὶ διακόσιοι. Ἐνθένδε ἐς Θυνιάδα ἀκτὴν εἴκοσιν καὶ ἑκατόν.
25. Ἀπὸ δὲ Θυνιάδος εἰς Σαλμυδησσὸν στάδιοι διακόσιοι. Τούτου τοῦ χωρίου μνήμην πεποίηται Ξενοφῶν ὁ
πρεσβύτερος, καὶ μέχρι τούτου λέγει τὴν στρατιὰν ἐλθεῖν
τῶν Ἑλλήνων, ἧς αὐτὸς ἡγήσατο, ὅτε τὰ τελευταῖα σὺν
Σεύθῃ τῷ Θρᾳκὶ ἐστράτευσεν. 2 Καὶ περὶ τῆς ἀλιμενότη-
τος τοῦ χωρίου πολλὰ ἀνέγραψεν, ὅτι ἐνταῦθα ἐκπίπτει
τὰ πλοῖα χειμῶνι βιαζόμενα, καὶ οἱ Θρᾷκες οἱ πρόσχωροι
ὅτι ὑπὲρ τῶν ναυαγίων ἐν σφίσιν διαμάχονται. 3 Ἀπὸ δὲ
Σαλμυδησσοῦ εἰς Φρυγίαν στάδιοι τριάκοντα καὶ τριακόσιοι. Ἐνθένδε ἐπὶ Κυανέας εἴκοσι καὶ τριακόσιοι. Αὗται
δὲ αἱ Κυάνεαί εἰσιν, ἃς λέγουσιν οἱ ποιηταὶ πλαγκτὰς
πάλαι εἶναι, καὶ διὰ τούτων πρώτην ναῦν περᾶσαι τὴν
Ἀργώ, ἥτις ἐς Κόλχους Ἰάσονα ἤγαγεν. 4 Ἐκ δὲ
Κυανέων ἐπὶ τὸ Ἱερὸν τοῦ Διὸς τοῦ Οὐρίου, ἵναπερ τὸ
στόμα τοῦ Πόντου, στάδιοι τεσσαράκοντα. Ἐνθένδε εἰς
λιμένα Δάφνης τῆς Μαινομένης καλουμένης στάδιοι
τεσσαράκοντα. Ἀπὸ δὲ Δάφνης εἰς Βυζάντιον ὀγδοήκοντα.

Τάδε μὲν καὶ τὰ ἀπὸ τοῦ Βοσπόρου τοῦ Κιμμερίου ἐπὶ
Βόσπορον τὸν Θρᾴκιον καὶ πόλιν Βυζάντιον.

24 6 : Αὗται πᾶσαι — Ἀπολλωνίας [...] εἰς Χερρόνησον — σταδ ξ
15v 20-25 (87, l. 31-34).
25 1-2 : Ἀπὸ δὲ Θυνιάδος — διαμάχονται 16r 1-10 (88) ‖ 25 3-4 :
Αὗται δὲ αἱ Κυάνεαι — μαινομένης [...] σταδ μ̅ [...] εἰς τὸ Βυζάντιον
— πόλιν Βυζάντιον 16r 20-30 (90, l. 13-23).

Subscriptio in P Ἀρριανοῦ ἐπιστολὴ πρὸς Τραϊανόν, ἐν ᾗ καὶ
περίπλους Εὐξείνου πόντου. Διώρθωται οὐ πρὸς σπουδαῖον ἀντί-
γραφον·

NOTES COMPLÉMENTAIRES

Page 1.

1. Titulature d'Hadrien depuis 117 : cf. inscript. (très mutilée) de Corinthe (Bosworth (2), 168. n. 7).

2. Xén., *Anab.*, IV, 8, 22. Fondée peut-être dès le VIIIe s. (aucun vestige n'est antérieur au VIIe) : Boardman (2), 240. Selon certains, Sinope elle-même n'aurait pas été fondée avant 631/630, par les Milésiens : Gajdukevič, 24-25.

3. Xén., *Anab.*, IV, 7, 21 sq. Hadrien passa sans doute par Trapézonte (auj. Trabzon) lors de son second voyage en Orient (128-134). En 129 il était en Cappadoce, dont il visitait les frontières : Syme (1), 275-279. Aucune autre source conservée ne fait allusion à cette visite, aussi les dates proposées en sont-elles variables : 123-124 (premier séjour en Orient) selon Chapot (1), 149 ; Patsch, 72 ; Marenghi (1), 190 ; 131-132 selon W. Weber, *Untersuch. z. Gesch. d. Kaisers Hadrianus*, Hildesheim (1973) 264-266 ; Magie I, 621-622 ; Stadter, 204, n. 4. Voir la Notice. — Darius déjà avait ainsi contemplé l'Euxin du haut d'un promontoire : Hdt., IV, 85. — Sur le Pont-Euxin, cf. Danoff.

4. Aucun vestige des autels, des statues ni du temple mentionnés plus loin. Cependant, on a retrouvé, réutilisé dans l'ancienne église de Chrysokephalos (auj. Fatih Cami) de Trapézonte, un énorme bloc de marbre portant une inscription soigneusement gravée en grec et dédiée à Hadrien. Elle devait faire partie d'un monument érigé en l'honneur de la visite de l'empereur : cf. Mitford (2), 160-162. — Pour les inscriptions de ce type en Orient, le grec est dominant dans la proportion de 4/1 par rapport au latin : Kaimio, 82 ; Mitford (2), 170-171. — Sur l'activité édilitaire d'Hadrien, cf. McMullen. Sur son philhellénisme « sentimental » orienté essentiellement vers le passé : Kaimio, 55 ; Weber (*op. cit.*, n. 3) 320-321. — Sur la place du grec sous Hadrien : H. Bardon, *Les Empereurs et les Lettres latines d'Auguste à Hadrien*, Paris (1940), 446 : Hadrien « donne au grec la première place dans l'Empire » (cependant, il n'est pas prouvé que l'Empereur ait eu une préférence pour l'usage du grec dans l'administration : Kaimio, 138 ; les lettres en latin, adressées par Arrien à Hadrien à l'occasion de ce voyage d'inspection, semblent même prouver le contraire).

5. Ce geste indique-t-il ainsi le lieu où se construit le port de Trapézonte (cf. 16, 6), comme le pensent Ruge (*RE* VI A (1936), col. 2218) et Cumont, II, 365?

6. L'*imago* impériale distribuée aux villes de l'Empire servait de modèle aux effigies monétaires et aux statues; cf. H. Mattingly, *Some historical coins of Hadrian*, in *JRS* 15 (1925), 209-222.

Page 2.

7. Seul témoignage sur un culte d'Hermès à Trapézonte (on y honorait surtout Mithra, Dionysos, Sarapis) : Cumont, II, 367, 2. — Des fragments de ce temple, de modestes dimensions, peuvent avoir subsisté : colonnes ioniques (Cumont, II, 366), frise ionique (Hamilton, I, 162); cf. Mitford (2), 162. — Ce Philésios n'est évidemment pas le général des Dix Mille, compagnon de Xénophon (*Anab.*, III, 1, 47, etc.). Peut-il s'agir de l'Apollon Philésios de Didyme, qui serait venu à Trapézonte par l'intermédiaire de Sinope? C'est l'hypothèse de Gruppe, *Griech. Mythol. u. Religionsgeschichte*, Munich (1904), 288, et de Magie, I, 622. Il est plus prudent de se ranger à l'opinion de Höfer (in : W. H. Roscher, *Lex. d. griech. und röm. Mythol.* (III, 2, 1901, p. 2303-2304), qui fait de Philésios une divinité honorée à Trapézonte.

8. Xén., *Anab.*, VI, 4, 22.

9. εὔξαιντο : optatif sans ἄν, exprimant la « possibilité permanente »; cf. Humbert, *Syntaxe grecque* (3ᵉ éd., 1960), § 392, et Kühner-Gerth, I, p. 255.

10. Ὕσσου λιμήν : près de Sürmeneh, à 30 km à l'est de Trapézonte, à l'embouchure de l'Hyssos (auj. Sürmeneh Su). Cf. Müller, *GGM* I, 371. Cité par Ptol., V, 6, 5; sans doute identique à Ψωρῶν λιμήν (Ps.-Scyl., 85). Procope, *B. Goth.*, IV, 2 : Σουσούρμαινα; cf. aussi Anon., 9r 34. Voir Treidler, *RE* suppl. IX (1962), *s.v.*, col. 81. Vestiges au cap Arakli, cf. Bosworth (4), 250, n. 31.

11. Ce détachement représente sans doute une cohorte auxiliaire. S'agit-il déjà de la *Cohors Apulea c. R. Ysiporto* (*Not. dign. Or.* XXXVIII, 34), mentionnée probablement par Arrien sous le nom de Ἀπλανοὶ πεζοί (*Ektasis*, 7, 14, Roos), corrigé en Ἀπουλῃανοί (Mommsen, *Ephem. epigr.*, V, 248)? cf. Cichorius, *RE* IV (1901), *s.v. Cohors*, col. 241. — ὡς οἶσθα fait sans doute allusion aux mesures prises par Hadrien lors de son passage dans cette région en 129 (cf. Magie, I, 621), pour renforcer les défenses côtières : cf. Mitford (2), 163, et (1), 1201-1202. Il aurait notamment recruté *seruitia castris profutura* (*Vit. Hadr.*, 13, 7). — Pour les légions et les contingents d'auxiliaires (surtout composés de barbares : *numeri*), c'est le recrutement régional qui est la règle sous Hadrien (Weber, *op. cit.* n. 3, p. 811). Malgré son peu de goût pour la chose militaire, Hadrien passait pour très compétent (*Vita Hadr.*, 10) et exigeant en matière d'exercice et de discipline (*Vita Hadr.*, *ibid.*); d'autant plus qu'il semble bien que les troupes cantonnées dans une garnison lointaine

aient été « livrées à elles-mêmes, [...] à moins qu'une inspection extraordinaire, comme celle d'Arrien en Colchide, ne vînt les réveiller momentanément » (Chapot (2), 228). — Sur l'armement du légionnaire d'Orient, cf. Josèphe, *B. Iud.*, III, 93-97 : casque, cuirasse, bouclier, deux épées pour le fantassin ; casque, cuirasse, épée, lance, bouclier, goryte avec trois javelots ou plus pour le cavalier (mais cet armement est-il réservé au légionnaire citoyen romain ? cf. Chapot, *op. cit.*, 82-83). — Pour les exercices de cavalerie, le document essentiel est la *Taktikè* d'Arrien (136 ap. J.-C.) : cf. F. Kiechle, *Die « Taktike » des Flauius Arrianus*, in : 45. *Bericht der Röm.-Germanischen Kommission* (1964), 88-129 (pendant les exercices les chevaux ne sont que partiellement protégés et les javelines ne sont pas armées de fer, mais peuvent cependant blesser). Voir encore Daviès, 88-90 et 95.

12. Hom., *Od.*, V, 469.

13. Il est très difficile d'évaluer la vitesse moyenne d'un navire dans l'Antiquité ; cela dépend du navire, des vents, du mode de propulsion, de la mer. Quelques estimations discutables sont fournies par Hérodote IV, 86, Strabon XI, 2, 17 (entre 130 et 170 km par jour ; confirmé par XIII, 1, 63) ; cf. Casson, 270, 272, 279, n. 37, 288-292 ; Rougé, 97.

14. καὶ ἡμεῖς : allusion à Hom., *Od.*, XII, 168 sq.

15. Les tempêtes sont réputées violentes et soudaines dans l'Euxin : Diod., XII, 72, 4 ; Just., XVI, 3, 10 ; surtout en hiver. L'Euros, vent d'est sud-est, n'est pas de ceux qui soufflent le plus régulièrement en cette région (cf. Danoff, 947-948 : vents de N-O ou de N-E les plus fréquents). Sur les tempêtes, cf. Gundel, *RE* VIII A2 (1958), *s.v.* « Seestürme », 2267-2280. Sur les tempêtes en littérature : E. de Saint-Denis, *Le rôle de la mer dans la poésie latine*, Paris, (1935).

16. παρεξειρεσίας : cf. Polybe, VIII, 4, 7. Voir là-dessus Rougé, 96 ; Reddé, 38-47 : « À l'époque hellénistique [...] la caisse de rames ressemblait à un coffrage de forme rectangulaire, capable d'accueillir non plus seulement le banc de nage supérieur, mais deux rangs d'avirons (ou peut-être davantage ?), entièrement logés dans le coffrage, et passant à l'extérieur par un sabord [...]. Un système identique existait encore vers le milieu du Iᵉʳ s. ap. J.-C. » (p. 39). Sur une conception un peu différente de Casson (p. 684), cf. Reddé, 41-47.

17. ὡς μὴ... ἐπεισρεῖν... τοῦ ὕδατος : τοῦ ὕδατος partitif sujet (cf. Humbert, *Synt. gr.*, p. 268-269 ; Schwyzer-Debrunner, *Griech. Gramm.*, II, 101-102). — ὡς : cf. Humbert, 226 : à la place de ὥστε ; cet emploi est propre à la langue ionienne ; rare en attique, sauf chez Xénophon et chez les écrivains suivant « l'influence ionisante de la κοινή ». On s'attendrait plutôt à l'indicatif, mais il est toujours possible d'interpréter la consécution sous l'angle subjectif et général (Humbert, 226-227).

Page 3.

18. *Trag. graec. Fragm.*, II, frg. 89 (éd. R. Kannicht-Br. Snell, Göttingen, 1981); cf. comment. p. 42. — καὶ τὴν : leçon de *P* et d'Athénée, *Deipn.*, IV, 156 E; ailleurs : ἄλλην : Souda *a* 1192; scol. Luc., *Hermot.* 61, p. 244 Rabe; Zenob., I, 75 (*Paroem. gr.*, 1, 26); Diogen., 2, 22 (*ibid.*, 1, 198). — ἐξηντλοῦμεν : *P* et autres témoignages (Athénée, *ibid.*). ἐξαντλοῦμεν : Souda (*ibid.*) et une partie des scolies à Lucien, *Hermot.* (*loc. cit.*). — ἐπεισέρρει : *P*; Athénée (*ibid.*); Zenob. (*ibid.*); Diogen. (*ibid.*); ἐπεισρέει : Souda (*ibid.*); scol. Lucien (*ibid.*).

19. Cf. St. Byz., *s.v.* Ἀθῆναι· ἔστι δὲ καὶ ἐν τῷ Εὐξείνῳ Πόντῳ χωρίον Ἀθῆναι ὡς Ἀρριανός· ἔστι καὶ ἱερὸν αὐτόθι Ἑλληνικόν. — Ptol. V, 6, 6; Procope, *B. Goth.*, VIII, 2, 16 : κώμη τις, Ἀθῆναι ὄνομα, ἐνταῦθα οἰκεῖται, οὐχ ὅτι Ἀθηναίων ἄποικοι, ὥσπερ τινὲς οἴονται (réponse à Arrien : μοι δοκεῖ : cf. Pekkanen, 44), τῇδε ἱδρύσαντο, ἀλλὰ γυνή τις Ἀθηναία ὄνομα κ.τ.λ. Auj. Athina : cf. Tomaschek, *RE* II (1896), *s.v.*, 2022, n° 7. Aucun vestige ni du temple, ni du port (cf. Mitford (2), 163, n. 19).

20. Cette côte rocheuse offre peu d'abris naturels (Danoff, 903, l. 19-908, l. 37). — Le Notos est un vent du sud, l'Euros un vent d'est (cf. Gundel, *RE* VIII A (1955), *s.v.* « Winde », 2211-2387, en part. section D).

21. Βορρᾶς : vent du nord-est (cf. Pline, II, 47); voir Gundel, *art. cit.* n. 20, col. 2332 sq. — ἀπαρκίου : sur les formes ἀπαρκίας/ἀπαρκτίας, cf. *Th. L. Gr., s.v.* ἀπαρκίας. Le mot est dérivé de ἄρκτος : Arstt., *Météor.*, II, 6; Agathem., I, 2. Mais cf. *Gramm. Bekk. Anecd.*, 445, 16 : τὸν μέντοι ἄνεμον ἄνευ τοῦ τ, ὡς ἡμεῖς, ἀπαρκίαν, διὰ τὸ εὔφωνον; de même Hésychius; *contra* : Phrynichus, 19, 22, Bekk. Vent du nord correspondant au *septentrio* (Gundel, 2237). — θρασκίου : vent du nord nord-ouest (Danoff, 1911) : Arstt., *ibid.* Sur l'origine du mot (qui ne vient pas du nom de la Thrace), cf. Capelle, *RE* VI A (1936), 561 sq. — σκίρωνος : cf. *Thes. L. Gr.*, 1522 b 12 <θρακίας>... κατὰ δὲ τὴν Μεγαρικὴν Σκίρων ἀπὸ τῶν Σκιρρωνίδων πέτρων...; cf. Strab., IX, 1, 4 : appelé aussi Argestès (Pline, II, 120). Voir Gundel. 2320.

22. κατεῖχον : emploi fréquent dans ce sens chez Arrien : *Pér.*, 5, 3; 14, 3; *Ind.*, 11, 7; 21, 1; 22, 8; 30, 8; *Anab.*, I, 26, 1; V, 13, 3; VI, 4, 5; VI, 21, 1; etc. (cf. Reuss, 390).

23. λίβα : vent d'ouest; le nom, dérivé, par fausse étymologie, de Libye, a été rendu en latin par *Africus*, Cf. Gundel, 2347.

24. Cette flotte comportait donc une trière et des liburnes; cf. Rougé, 134, et surtout Casson, 141-143 : les liburnes sont employées couramment dans les flottes autres qu'italiennes. Des liburnes sont représentées sur la colonne trajane. — M. Reddé (592) remarque que le nombre des opérations navales du IIe s., connues par les textes littéraires, est très maigre. En tout, deux témoignages en plus de celui d'Arrien : Dion Cass., LXXV, 2, 3; Eusèbe, IV, 2, 2-6.

NOTES COMPLÉMENTAIRES   27

28. 250 stades : cf. apparat crit. ; l'Anonyme en compte 350 (9r 43-45).

Page 4.

29. Apsaros : près de Goniè, au bord de l'Apsar (auj. le Tchorokhi) : Mitford (2), 163 ; Danoff, 1038. Cité par : Ps.-Scyl., 81 (pour le fleuve), Pline, VI, 12 ; Appien, *Mithr.*, 101 ; Ptol., V, 6, 7 ; etc.

30. αἱ πέντε σπεῖραι : les cohortes déjà mentionnées dans la lettre en latin (6, 2). — Pline, VI, 12 : *flumen Absarrum cum castello cognomini in faucibus.* L'existence de cette garnison du temps d'Hadrien est confirmée par une inscription (*CIL* X 1202 = Dessau 2660 : 7 (cf. E. Ritterling, *RE* XII 2 (1925), *s.v.* « Legio », 1396-1397). Son importance exceptionnelle (Speidel, 657-658) est sans doute le fruit d'une décision d'Hadrien (Bosworth (3), 76, n. 86). Peut-être comportait-elle des éléments tirés de la XIIe légion *Fulminata* (Mitford (2), 163) ? Cette importance s'explique par la position d'Apsaros, à proximité de l'Ibérie (même si Phasis eût été pour cela mieux placée : Braund (2), 216) et des Zydrites soumis à Pharasmanès (*Pér.*, 11, 2) : voir Bosworth (1), 228 et Tonnet, 43-46. Sur les forts côtiers, voir l'Introduction, et Mitford (1), 1188, 1192, 1226-1227. Sur la garnison d'Apsaros : Bosworth (4), 251, n. 133.

31. Sur la solde, les exercices militaires, cf. Chapot (2), 213-214 et 228, qui observe (p. 225) que les textes anciens ne parlent presque jamais des soins aux malades et blessés (un ex. dans Plut., *Crass.*, 26). Pour le *Pér*, d'Arrien, voir encore 10, 3.

32. Sur la poste impériale, cf. Chapot (2), 226-227 et Stadter, 204, n. 9. — L'emploi du latin pour cette correspondance officielle adressée à l'Empereur ou à ses services correspond à ce qu'on sait de l'usage du latin et du grec (Kaimio, 119). Si la connaissance du grec était requise pour les magistrats romains en Orient (Philostrate, *Ap. Vita*, 5, 36 ; cf. Kaimio, 117, 119), il n'est pas sûr que les magistrats et sénateurs issus du monde grec aient tous été vraiment bilingues (Kaimio, 108). Cela vaut aussi pour Arrien.

33. La notice d'Arrien pourrait venir d'Artémidore (Reuss, 381) : cf. St. Byz., *s.v.* Ἀψυρτίδες · νῆσοι πρὸς τῷ Ἀδρίᾳ, ἀπὸ Ἀψύρτου παιδὸς Αἰήτου [...]. Ἔστι καὶ τόπος ἐν τῷ Εὐξείνῳ Πόντῳ Ἄψαρος, Ἄψυρτος πρότερον λεγόμενος. Ἀρτεμίδωρος ἐν ἐπιτομῇ καὶ πόλιν νῆσον Ἄψυρτον ἱστορεῖ. — La légende varie sur le lieu de la mort d'Apsyrtos, demi-frère de Médée tué par celle-ci ; cf. Ov., *Trist.*, 3, 9, 33 ; Phérécyde, frg. 73 ; Apollod., 1, 133 ; Hyg., *Fab.*, 23 ; etc. Voir surtout Apoll. Rhod., IV, 450-481. Procope s'inspire d'Arrien tout en le complétant (*B. Goth.*, VIII, 2, 11-14 ; cf. Pekkanen, 44). Voir Danoff, 1038 ; Tomaschek, *RE* II (1896), *s.v.* « Apsaros », 276.

34. Cf. St. Byz., *s.v.* Τύανα · ἐκαλεῖτο δὲ Θόανα καὶ κατὰ παραγραμματισμὸν Τύανα, ὡς Ἀρριανός. Θόανα n'apparaît que dans Arrien, semble-t-il ; ailleurs Τύανα : Strab., XII, 2, 7 ; Pline, VI, 8 ;

Ptol., V, 6, 17 ; etc. Site, entre Tarse et Kayseri, à Bahçeli (à 120 km au sud de Kayseri) : cf. Ruge, *RE* VIII A (1948), *s.v.* « Tyana », 1630-1642 et 2259-2260. — Pour la légende : Euripide, *Iph. Taur.*, 32, etc. ; Hygin., *Fab.*, 261 ; Serv., scol. Verg., *Aen.* II, 116 ; IV, 136 ; Lucien, *Tox.*, 3 sq. : Thoas tué par Oreste. Arrien est le seul à nous transmettre cette version de la mort de Thoas. Cf. Scherling, *RE* suppl. VII (1940), *s.v.* n° 6 b, 1563-1567.

Page 5.

38. Arrien et l'Anon. 9r 36-37 seulement. Auj. le Baltachi Su. Cf. Treidler, *RE* XXIII (1959), *s.v.*, n° 2, 1459.

39. Cité par Arrien et l'Anon. 9r 37, uniquement. C'est auj. encore le Kalopotamos : cf. Treidler, *ibid.*

40. Seulement dans Arrien et l'Anon. 9r 38. Auj. : le Rochis Su, un petit cours d'eau. ἐχόμενος est inexact, le Calos séparant le Rhizios du Psychros, comme le remarque Gail ; cf. Marenghi (1), 67, n. 2. Sur ce cours d'eau : Bürchner, *RE* I A (1914), *s.v.*, 937.

41. Auj. : l'Asforos-dere (Danoff, 1911). Cité encore par l'Anon. 9r 38.

42. Ἀδιηνός : Anon. 9r 39 (d'après Ménippe : Diller, 154). Le Ps.-Scyl., 84, cite : Ὠδεινιὸς πόλις Ἑλληνίς. Rav., 101, 15 : *Gudiono*, 366, 15 : *Gadinio* ; *Tab. Peut.* : *Ardinio*. C'est auj. le Kanlüdere (Danoff, 1911).

43. L'Anon., 9r 39, intercale Κορδύλη, qui n'est pas celle de 9r 31 (= Arr., *Pér.*, 16, 5) ; cf. Diller.

44. Cf. Anon., 9r 43 : Ζαγγάλην. C'est auj. le Sucha-dere : Danoff, 1911 ; Ziegler, *RE* IX A (1967), *s.v.*, 2220. Müller (*GGM* I, p. 63) l'identifie avec l'Ἀραβίς du Ps.-Scyl., 83.

45. Cité seulement par Arrien. Hypothétiquement identifié comme l'actuel Furtuna-dere : Baschmakoff, 178 ; Kiessling, *RE* VIII (1913), *s.v.* Ἡνίοχοι, 272. Aucune identification dans Danoff, ni Kirsten *RE* XXIII (1959), *s.v.*, 1157.

46. Voir aussi 11, 2 et n. Anchialos est cité par Dion Cass. LXVIII, 19, 2, comme roi des Hénioches et des Machélons déjà sous Trajan (cf. Chapot (2), 219-220), qui échangea avec lui des présents avant sa grande expédition contre les Parthes. Aucune localisation proposée pour cette résidence.

47. L'Anon., 9r 44, intercale Ἀρμένη, qui n'est pas celle de 8v 32 (= Arr., *Pér.*, 14, 4). Cité par Pline, VI, 12 (*Pyxites ultra uero* [= vers l'est] *gens Sannorum Heniochorum* ; voir plus loin, *Pér.*, 11, 2), et par l'Anon., 9r 44. Identifié généralement comme l'actuel Witzéh Su (Forbiger, II, 418 ; Danoff, *RE* XXIV (1963), *s.v.*, 619 sq.).

48. Anon., 9r 45, 9v 2 ; Ptol., V, 6, 6 ; *Tab. Peut.* : *Abgabes* ; Rav. : *Archauis*. C'est auj. encore l'Archawé. Cf. Tomaschek, *RE* II (1896), *s.v.*, 431.

49. Cf. n. 29.

NOTES COMPLÉMENTAIRES 29

50. Pline, VI, 12; Anon., 9v 4 sq.; Rav. : *Acapsis*; Souda : ῎Ακαψις. Ce fleuve étant, aussi bien chez Arrien que chez Pline, distinct de l'Apsaros, avec lequel il a été confondu par certains (Forbiger, II, 98; Tomaschek, *RE* I (1894), *s.v.*, 1146), il n'a pas été identifié de façon satisfaisante. Il ne saurait s'agir du Tchorokhi (cf. n. 29), malgré le rapprochement établi entre ce dernier nom et le mot arménien čorochieli, traduit par « *inflexibilis* », c'est-à-dire ἄκαμπτος (cf. Tomaschek, *ibid.*). Procope l'appelle aussi Βόας (*B. Goth.*, IV, 2, 8).

Page 6.

55. Pline, VI, 12; Anon., 9v 7 (d'après Ménippe); Rav., 367, 7; *Tab. Peut.*, X, 5 : *Nigrus*. C'est auj. la Supsa (cf. Danoff, 928).
56. Ce fleuve, l'actuel Rioni, est largement cité depuis Hésiode, *Théog.*, 340. Il marque, en concurrence avec le Tanaïs, la limite entre l'Europe et l'Asie : cf. *Pér.*, 1-2 et n. Généralités dans Diehl, *RE* XIX (1937), *s.v.*, 1886 sqq. Sur la légende des Argonautes en rapport avec le Phase : W. Kubitschek, « *Zur Geographie der Argonautensage* », in *Rh. Mus.* 82 (1933), et E. Delage, *La géographie dans les Argonautiques d'Apollonios de Rhodes*, Paris (1930).
57. Hom., *Il.*, II, 754.
58. Les différences entre l'eau du Pont et celle de l'Égée sont observées dans l'Antiquité : Arstt., *Probl.*, XXIII, 6 (plus blanche); Polybe, IV, 42; Strab., I, 3, 4; Salluste (dans Macrobe, *Sat.*, VII, 12, 32-35); Amm. Marcell., XXII, 8, 46 (plus douce). — L'eau douce surnage parce que plus légère : Arstt., *Météor.*, 357 a-359 a. Sur la salinité, cf. Danoff, 877, l. 53 sqq. — Sur le nombre et l'importance des fleuves : Hdt., IV, 82; Polybe, *ibid.*; Strab., *ibid.*; Amm. Marcell., *ibid.*

Page 7.

60. À l'époque hellénistique spécialement, la Koura puis le Phase étaient une partie de l'importante route commerciale allant de l'Orient à l'Occident : cf. Strab., II, 1, 15; XI, 7, 3; Pline, VI, 52. Voir Lordkipanidze (5), 204. — Φασιανή est assimilée par Zosime, I, 32 (p. 31, Bonn.) à Artémis, comme le fut aussi la Vierge de Chersonèse Taurique (cf. Hdt., IV, 102; Strab., V, 3, 12; VII, 4, 2). Ces hypostases de la *Magna Mater* phrygienne indiquent l'importance du culte de cette divinité dans le Pont-Euxin; les sanctuaires principaux de la côte caucasienne lui étaient consacrés (cf. Strab., XI, 2, 17). Rostovtseff voit en elle une « déesse protectrice des tribus d'où sortirent les premiers navigateurs sur la côte du Caucase. Ces tribus furent associées par la légende grecque, non sans raison, aux navigateurs préhelléniques de la Méditerranée, aux Achéens et aux Cariens, créateurs de la légende des Argonautes. » (« *Le culte de la Grande Déesse dans la Russie méridionale* », *REG* 32 (1921), 466);

de même Fr. Vian, 98. Sur des statuettes représentant la Grande Mère retrouvées en Géorgie, cf. Lordkipanidze (1), 30. — Le culte de Cybèle s'est beaucoup développé au IIe s. de notre ère dans le monde romain (cf. H. Graillot, *Le culte de Cybèle, Mère des Dieux, à Rome et dans l'Empire romain*, Paris (1912)), sans qu'il faille faire pour autant d'Hadrien un zélateur de ce culte (cf. J. Beaujeu, *La religion romaine à l'apogée de l'Empire*, I, Paris, Belles Lettres (1955), 272). Sur les monnaies, la représentation de cette déesse est fréquente à cette époque (cf. Beaujeu, *op. cit.*, 271 ; M. Bieber, « *The Images of Cybele in Roman Coins and Sculpture* », in : *Hommage à M. Renard*, III (Coll. *Latomus* CIII), Bruxelles (1969), 29-40). — Arrien s'intéressait sans doute particulièrement à ce culte (cf. encore *Bithyn.*, frg. 9 ; *Tact.*, 33, 4 Roos), la Grande Mère phrygienne étant spécialement vénérée dans sa cité d'origine, Nicomédie, où elle avait un temple et des monnaies la représentant (cf. J. Sölch, « *Bithynische Städte im Altertum* », *Klio* 19 (1925), 166). Voir là-dessus Tonnet, 15. — Sur la statue due à Phidias : Paus., I, 3, 5 (attribuée à Agoracrite par Pline, XXXVI, 17).

61. Cette ancre doit être une sorte d'objet votif, dû à la piété de quelque admirateur de la légende de Jason ; cf. Wachsmuth, 133-136, qui cite d'autres exemples de ce type : Apoll. de Rhodes, I, 955-960 (et scol. : c'est Jason qui invente l'ancre à deux branches) ; Pline, XXXVI, 99 ; inscriptions à Délos (Wachsmuth, *ibid.*). L. Casson date du XIe s. les premières navigations dans cette région du Pont (*The ancient Mariners*, New York (1955), 58 sq.) ; les Grecs ont dû y faire des incursions par bateaux dès le VIIIe s. (peut-être même plus tôt : cf. B. W. Labaree, *Amer. Jour. Arch.*, 61 (1957), 29-33 : entre le XIe et le VIIIe s.). — Selon Casson, les deux tiers des ancres étaient en bois, un tiers en pierre ou en plomb ; les ancres en fer étant rares (p. 252-258). Cf. aussi E. McCaslin, *Stone Anchors in Antiquity : coastal Settlements and Maritime Traderoutes in the Eastern Mediterranean ca 1600-1050 B.C.*, in : *Stud. in Medit. Archaeol.*, 61, Göteborg (1980).

62. Une cité de Phasis (près de l'actuelle Poti) est mentionnée dès Aristote (cf. frg. d'Héraclide Lembos, *Resp.*, 46 Rose) ; elle est citée par Strab., XI, 2, 17 ; Pomp. Méla, I, 108 ; etc. Dans l'Anon., 9v 9 (d'après Ps.-Scymnos ?). Une dédicace en grec trouvée au Kouban semble indiquer la présence d'un sanctuaire et d'un établissement grecs, sans pour autant confirmer l'existence d'une colonie comme le laissent entendre les textes anciens. Bien que précisément située par les Anciens (Strab., XI, 2, 17), Phasis n'a laissé aucune trace (Lordkipanidze (6), 907-908) du fait des modifications qu'a subies ce rivage marécageux au cours du temps. — Cette garnison n'abritait donc pas tout à fait une cohorte ; depuis Trajan au moins (Procope, *B. Goth.*, IV, 2, 16-17). Le site en a été décrit par F. Dubois de Montpéreux, *Voyage autour du Caucase* I, Paris (1839), 65 sq. (cf. la description d'une forteresse type dans Chapot (2), 185). — La garnison abritait des auxiliaires (ἐπίλεκτοι ; sens fréquent chez

Xénophon : *Anab.*, III, 4, 43 ; cf. aussi Polybe, VI, 26, 6 et 8 ; voir *Thes. Gr. L.*, *s.v.* ἐπίλεκτος). Voir Mitford (1), 1192, 1213, 1226-1227, et, du même (2), 163.

Page 8.

64. Phasis n'a sans doute jamais été une colonie agraire, mais, au même titre que Dioscurias, un emporion (Lordkipanidze (7), 126-127). Ce terme s'applique alors « à un quartier marchand [cf. ἐμπορικῶν ἀνθρώπων] circonscrit autour du port. Il comporte des installations caractéristiques : quais, halles, magasins... et bordels. » (Baslez, 179) ; « d'importantes concentrations de boutiques et d'habitations, appelées *canabae*, se développèrent autour des forts des légions et des troupes auxiliaires, et le long des routes qui y menaient, formant le noyau de nouvelles cités. Les soldats démobilisés vinrent grossir la population de ces localités, ou reçurent, en tant que groupe, un ensemble de terres où s'établir et construire une cité. » (Rostovtseff (1), 54). Il faut cependant remarquer que Phasis n'est plus, en 132, un « emporion de Colchide » (Strab., XI, 2, 17), le grand commerce hellénistique l'ayant désertée (de même pour Dioscurias : Strab., XI, 2, 16), et l'influence civilisatrice de l'occupant ne s'y fait plus sentir pareillement (Lordkipanidze (7), 140).

65. Pline, VI, 14 ; Ptol., V, 10, 2 ; *Tab. Peut.* ; Rav., 367, 11 ; Anon., 9v 19. Non identifié avec certitude : Danoff, 928 : le Chobi ? ; l'identification de Tomaschek avec le Nabida (*RE* III (1899), *s.v.*, 2139) est contestée par Lamouri, 99.

66. Pline, VI, 14 ; *Tab. Peut.* ; Rav., 367, 12 ; Anon., 9v 19 sq. ; Agath., III, 3. C'est auj. l'Inguri (Danoff, 928 ; Lomouri, 99). — En 69 ap. J.-C. déjà, au cours de la rébellion fomentée contre Rome par Anicetus (commandant de la flotte du roi du Pont), dans la région du Caucase, la flotte de celui-ci trouva refuge à l'embouchure du Chobos (cf. Tac., *Hist.*, III, 47-48, et Jos., *B. Iud.*, II, 366), avant d'être battue par la flotte romaine qui établit une surveillance sur les peuples caucasiens (Jos., *ibid.*). L'importance stratégique de ce point de la côte explique sans doute l'initiative prise par Arrien, sans qu'on puisse savoir, la lettre en latin ne nous étant pas parvenue, ce qu'il y fit (cf. Bosworth (3), 70-71). Inspection, mais aussi « renseignement » font partie de la mission d'Arrien sans aucun doute, d'où, après l'intérêt marqué pour Apsaros (point sensible, justifiant l'envoi d'une lettre confidentielle), et pour Phasis, ce débarquement à l'embouchure du Chobos « qui avait sans doute pour but de recueillir des informations sur ce qui se passait dans l'arrière-pays. » (Tonnet, 46). Voir aussi les hypothèses de Stadter, 36.

67. Pline, VI, 14 (*Sigania*) ; Ptol., V, 9, 2 (Σιγάνεον) ; Anon., 9v 20. C'est auj. l'Äris Zehali, qui débouche à Gagida, au nord d'Anaklia : cf. Danoff, 928 ; Lomouri, 101.

68. Pline, VI, 14 ; Anon., 9v 20 ; *Tab. Peut.* (*Tassiros*) ; Rav., 367, 15 (*Thasbiros*). C'est auj. la Mokwa, au nord d'Ortchemtchiri : Danoff, 928 ; Lomouri, 102.

69. Les auteurs anciens (sauf Arrien et l'Anon., 9v 21) citent l'Hippos (et un autre fleuve : le Cyaneos ou Γλαῦκος) comme un affluent du Phase : Strab., XI, 2, 17 ; Pline, VI, 13 ; St. Byz., *s.v.* Αἴα (cf. l'art., au reste fort confus, de Kiessling, *RE* VIII (1913), *s.v.*, 6°, 1915-1918). Les spécialistes les plus récents identifient le fleuve d'Arrien avec le Kodori dont l'embouchure est au nord de Suchumi (l'ancienne Sebastopolis) : Danoff, 928 ; Lomouri, 103.

70. Pline, VI, 14 ; Anon., 9v 22 ; *Tab. Peut.* (*Stelippo*) ; Rav., 367, 15 (*Stempeo*). C'est auj. la Skuzča selon Danoff, 928, et Lomouri, 104 ; identification différente de Tomaschek : le Džirguch (*RE* II (1896), *s.v.*, 1780).

71. Anon., 9v 23 : 135 stades.

72. Sur la garnison de Sebastopolis, Arrien ne donne pas de renseignements précis ; il les a réservés sans doute à la lettre en latin. Il semble bien que cette garnison ait abrité la *Cohors I Claudia equitata* (*Not. dign.*, *Or.* XXXVIII, 36) : cf. Pelham, 631 ; Mitford (2), 163 ; Levkinadze, 81 sq, (*contra* : Roos (2), 112 ; Chapot (2), 367). La forteresse aurait été définitivement établie par Vespasien (Mitford, *ibid.*) ; des vestiges du Iᵉʳ et IIᵉ s. en subsistent (Mitford (1), 1192), ainsi, semble-t-il, qu'une inscription commémorant la visite d'Arrien (*IAE* 1905, 175 : cf. Mitford (1), 1202). — ἀναπηδῶντας : désigne la façon de « sauter » à cheval (car les étriers ne sont utilisés qu'à partir du IXᵉ s. ap. J.-C.) : cf. Xén., *Cyr.*, VII, 3, 6 ; voir *Kl. Pauly* IV, 1372 (« Reitkunst »). À propos des vivres, Chapot (2), 213, remarque que c'est le gouverneur qui a la tâche de constituer des réserves dans les forts en prévision de sièges éventuels.

73. Ce dernier chiffre est repris en 17, 1.

74. La présence de colons grecs à Dioscurias pose problème : le Ps.-Scyl., par exemple, sur les trois villes de Colchide qu'il mentionne, n'en cite que deux comme grecques : Gyenos et Phasis (§ 81). Aucune source écrite ne confirme la colonisation milésienne dont Arrien est seul à faire mention (Pline, VI, 15, fait de Dioscurias une « ville de Colchide » ; d'après Timosthène). De la période la plus ancienne de la ville ne subsiste qu'une stèle funéraire, datant de 430-420, témoignant ainsi de l'existence d'un établissement grec (cf. Lordkipanidze (1), 24), qui, selon Gadjukevič, peut avoir dépendu d'une fondation milésienne de la côte sud du Pont (Sinope ?). La mer a presque entièrement recouvert sous la vase les vestiges de Dioscurias ; parmi ceux qui ont été retrouvés, le principal est la stèle mentionnée ci-dessus (cf. Ch. Picard, « *La stèle grecque de Soukhoumi en Colchide (Caucase)* », *RA* 1956, 81-82). — Dioscurias, située dans la région de l'embouchure de la Besleti, dans la baie de Suchumi (cf. Lordkipanidze (6), 899, 904), était déjà immergée à l'époque d'Arrien, qui ne pouvait connaître que la moderne Sebastopolis. Cette dernière est située par Pline, VI, 14 (*castellum Sebastopolis*), qui est le premier à la nommer, à 30 milles de Dioscurias (VI, 16) ; alors que Ptolémée, V, 9, 2, suit Arrien, mais situe la ville à l'embouchure du Korax, que certains assimilent au

Kodori (Tomaschek, *RE* V (1905), *s.v.* « Dioskurias », 2°, 1123-1125 ;
mais voir la n. 69). Dans l'état actuel des recherches archéologiques,
et les identifications de toponymes et d'hydronymes étant souvent
incertaines, il est impossible de trancher.

Page 9.

76. Xén., *Anab.*, V, 2, 1 sq. Sur les Drilles, cf. Danoff, 1015.
77. Les peuples énumérés en 11, 1-3 se retrouvent pour l'essentiel
dans Pline, VI, 12-14, et dans le même ordre. Les Sannes font partie
des Hénioques (Pline, VI, 12 : *in ora ante Trapezunta flumen est
Pyxites, ultra uero gens Sannorum Heniochorum ; flumen Absarrum
[...], Heniochi, Ampreutae, Lazi*), dont ils constituent une branche
qui a dû migrer depuis la côte est jusqu'à l'angle sud-est du Pont (cf.
déjà Strab., XII, 3, 18, d'après Théoph. de Mytilène, Ier s. av. J.-C.).
Sannes et Hénioques s'étendent donc, d'après Pline, du Pyxites
(voisin de Trapézonte) à l'Apsaros, au-delà duquel sont les Lazes.
Occupant la Thiannique selon Arrien (7, 1 ; cf. n. 37), région qui leur
doit sans doute son nom (cf. Procope : Τζάνοι, n. 75 ; en IV, 2, 5,
Procope mentionne la Τζανική et les Τζανικὰ ὄρη), les Sannes
seraient séparés des Kolchoi par l'Ophis (7, 1), ce qui ne laisserait
guère de place aux Kolchoi (mais, cf. sur leur extension au sud du
Pont la n. 37).
78. La menace d'Arrien n'est pas vaine. Quelques années plus tard,
celui-ci sut détourner les Alains d'une invasion menaçante de la
Cappadoce par la crainte qu'il leur inspira (cf. Dion Cass., LXIX, 15 :
ἕτερος δὲ [*scil.* πόλεμος] ἐξ Ἀλανῶν [...] ἐκινήθη ὑπὸ Φαρασμάνου καὶ
τὴν μὲν Ἀλβανίδα καὶ τὴν Μηδίαν ἰσχυρῶς ἐλύπησε, τῆς δ' Ἀρμενίας
τῆς τε Καππαδοκίας ἀψάμενος, ἔπειτα τῶν Ἀλανῶν τὰ μὲν δώροις
ὑπὸ τοῦ Οὐολογαίσου πεισθέντων, τὰ δὲ καὶ Φλαούιον Ἀρριανὸν τὸν
τῆς Καππαδοκίας ἄρχοντα φοβηθέντων ἐπαύσατο (sur la politique de
Rome dans cette région, cf. la Notice). — ἐξελοῦμεν est le futur de
ἐξαιρέω, -ῶ (« détruire ») ; cf., à propos des Nasamons, Denys le
Périég. 208-210 (C. Jacob, *La description de la terre habitée de
Denys d'Alexandrie ou la leçon de géographie*, Paris (1990), 65).
Arrien compte faire mieux que les Dix Mille qui n'avaient pu réduire
les Drilles (Xén., *Anab.*, V, 2, 27).
79. Sur Anchialos, cf. n. 46. — Les *Machelones* doivent aussi faire
partie des Hénioques, ayant même roi, et avoir suivi leur migration
jusqu'en cette région. Il est en effet difficile d'identifier les Μάκρωνες,
connus depuis Hécatée de Milet (cf. *FGrH* 1, F 206 ; et aussi Hdt., II,
104 ; Xén., *Anab.*, IV, 8, 1 ; Ps.-Scyl., 85 ; Pomp. Méla, I, 107) avec
les Sannoi (connus seulement depuis le Ier s. av. J.-C. ; cf. n. 77), ainsi
que le fait Strab., XII, 3, 18 (cf. *CUF*, t. IX, p. 239). Les *Machelones*
d'Arrien (cf. encore Dion Cass., LXVIII, 19) seraient aussi, alors, les
Machorones de Pline, VI, 11 (qu'il distingue des *Macrocephali, ibid.*,
de la tradition ancienne), appelés également, sans doute, *Malachi*
(*Tab. Peut.*, X, 2). Lucien, *Tox.*, 44, les situe encore, sous le nom de

Μάχλυες, dans la région du Méotide (la mer d'Azov), où déjà ils semblent avoir été localisés par le Ps.-Scyl., 80, sous le nom de Γελῶνες (ainsi que par l'Anon., 9v 28), ou bien encore au nord de la côte est de l'Euxin (au nord des Lazoi) par l'Anon., 10r 8-9 (Μαχέλωνες) suivant ici une tradition plus récente qu'en 9v 28. Cf. là-dessus Kiessling, *RE* VIII (1913), *s.v.* ʽΗνίοχοι, 271) et Herrmann, *RE* XIV (1930) *s.v.* Μαχέλονες, 154. — Le Ps.-Scyl., 72-80, suivant une source ionienne, situe les Hénioques beaucoup plus au nord-est; il énumère, du nord au sud, à partir de la Sindique : Σίνδοι, Κερκέται, Τορέται, Ἀχαιοί, ʽΗνίοχοι [Κοραξοί, Κωλικὴ ἔθνος, Μελάγγλαινοι, Γέλωνες], Κόλχοι. Au IVᵉ s. av. J.-C. les peuples cités entre crochets ont été absorbés dans l'État colchidien : le Ps.-Scyl., à partir d'une source plus récente, cite en 81 Dioscurias avec les Κόλχοι, alors que cette ville était à l'origine sur la côte des Κοραξοί (cf. Pline, VI, 15). Cette position des Hénioques a été maintenue jusqu'à Artémidore (fin du IIᵉ s. av. J.-C.) : cf. Strab., XI, 2, 14 (Kerkètes, Achaioi, Hénioques, « puis le grand Pityonte jusqu'à Dioscurias, long de 360 stades »; cf. aussi Strab., XI, 2, 1 et 5, 6. Voir encore Ptol., V, 9, 25). Or, l'on remarque que les Kerkètes ne sont plus nommés par Arrien; que la seule trace laissée par les Achaioi est le nom d'une région : Παλαιὰ Ἀχαΐα (18, 4); que de nouveaux peuples sont nommés : Σανίγαι (11, 3 et 18, 3) autour de Dioscurias; Ζιλχοί plus au nord (18, 3). Cette disposition s'est trouvée bouleversée au temps des luttes contre Mithridate VI Eupator (premier tiers du Iᵉʳ s. av. J.-C.); cf. Strab., IX, 2, 14 (d'après Théophane de Mytilène) : Achéens : Ζυγοί, Hénioques, Kerkètes, Mosques, Colchidiens (voir aussi Strab., XI, 2, 13, et Appien, *Mithr.*, 101-102). Les Ζυγοί (= les Ζιλχοί d'Arrien, voir plus loin), insérés entre Achaioi et Hénioques, provoquent la migration de ces deux peuples; migration qui n'est nulle part attestée par des témoignages écrits (les témoignages archéologiques étant, pour ces peuples barbares, inexistants). On constate seulement que les peuples Hénioques se sont installés dans la région de Trapézonte sous le nom de Sannoi (cf. n. 77), plus au nord sous celui de Sanigai (11, 3, voir plus loin), avant, sans doute, que le gros de ces peuples n'occupe une partie de la côte sud en gardant son nom d'origine (Pline, VI, 12 : *in ora ante [scil.* à l'est] *Trapezunta [...] Heniochi, Ampreutae, Lazi, ...*) : cf. n. 77. La migration des Hénioques est sans doute postérieure à la mort de Strabon (vers 21 ap. J.-C.), qui ne les mentionne pas dans cette région. Elle a dû se faire en même temps que celle des Lazoi (*Pér.*, 11, 2), signalés par Pline au sud du Phase (VI, 12), et que Strabon ne cite pas non plus. Les Hénioques ont dû occuper une portion de côte allant de l'Apsaros au Bathys, c'est-à-dire *grosso modo* de Hopa à Batoum. Voir Kiessling, 267-274.

80. Les Ζυδρεῖται (Anon., 9v 4, 30, 31) ne semblent pas être mentionnés ailleurs. Seul peuple cité par Arrien à échapper au système de clients royaux institué par Trajan dans la région, les Zydrites ont dû occuper l'arrière-pays montagneux de Batoum (cf.

Danoff, 859; Mitford (2), 164, n. 24; Braund (2), 215-216), région depuis longtemps sous l'influence de l'Ibérie comme le laisse entendre Plutarque, *Pomp.*, 34, 1, et ainsi que le suggère l'archéologie (cf. Braund, *ibid.*). L'Anon., 9v 4, leur assigne le même territoire occupé jadis par les Βούσηρες (cf. Hécat. de Milet, *FGrH* 1, frg. 207 : Δίζηρες; Ps.-Scyl., 82; Strab., XII, 3, 18; Pomp. Méla, I, 107 : *Buxeri*; Pline, VI, 11; etc.), donc un peu plus au sud-ouest, entre le Pyxites et l'Acampsis (c'est-à-dire entre les villes actuelles de Findikli et de Hopa).

81. Sur les rapports de Rome avec Pharasmanès, le roi d'Ibérie, et la politique impériale dans toute cette région, voir la Notice.

82. Les Lazoi ont laissé leur nom à la région qu'ils occupaient précédemment : Παλαιά Λαζική (*Pér.*, 18, 4), sur la côte est de l'Euxin, au-delà de Dioscurias. Eux aussi ont donc migré vers le sud, où Pline, VI, 12, est le premier à les citer dans leur nouvel habitat, qui doit se situer au nord de Hopa jusqu'au Bathys, région en partie occupée par les Hénioques : *Heniochi, Ampreutae, Lazi, flumina Acampseon, Isis, Mogrus, Bathys.* Certains pensent qu'ils faisaient partie des Kerkètes (Kiessling, 266; cf. n. 79) et que, à partir de leur nouvel habitat, ils s'étendirent largement dans toute la Colchide et vers l'intérieur (cf. Herrmann, *RE* XII (1925), *s.v.* Λαζοί, 1042 sq.). Ils sont cités ensuite par Ptol., V, 10, 5; Luc., *Tox.*, 44; Procope, *B. Goth.*, IV, 1, 8, et 10; etc. Pline citant dans le désordre *Isis, Mogrus, Bathys* (au lieu de, du nord au sud : *Bathys, Isis, Mogrus*), on peut penser que les Lazes s'étendaient, au IIᵉ s. ap. J.-C., jusqu'au Mogrus (= région de Ureki, à 20 km au sud de Poti), ou au-delà.

83. Malassas (Anon., 9v 31) n'est cité que par Arrien. Voir la Souda, *s.v.* Δομετιανός · Ἀδριανὸς [...] καὶ Λαζοῖς, ἤτοι Κόλχοις, βασιλέα ἐπέστησεν.

84. Les Apsilai sont cités par Pline, VI, 14 (*gens Absilae*) au voisinage de Sebastopolis et au nord de l'Astelephos, c'est-à-dire dans la région d'Ortchemtchiri; au nord de celle où semble les situer Arrien et où Pline, *ibid.*, fait vivre des *Sanni* (dans la région du Chobos, au nord du Phase); *Inde* [*scil.* au nord du Phase] *aliud flumen Charien, gens Saltiae antiquis Phthirophagi dicti et alia Sanni, flumen Chobum [...], dein Rhoan, regio Cegritice, amnes Sigania, Thersos, Astelphus, Chrysorroas, gens Absilae, castellum Sebastopolis [...], gens Sanicarum...* Peut-être faut-il supposer que ces Sanni, non cités par Arrien, ont été remplacés, postérieurement à la date de la source de Pline, par les Absilae (Pline, *ibid.*) venant du nord, et par les Ἀβασκοί, dont Pline ne parle pas et qui ont dû quitter leur habitat du sud de Pitzunda où Arrien cite un fleuve Ἄβασκος (18, 2)? Voir plus loin. Cf. Kiessling, 274. À propos des Apsilai, Étienne de Byzance note (*s.v.*) : ἔθνος Σκυθικόν, γειτνιάζον Λαζοῖς, ὡς Ἀρριανὸς ἐν περίπλῳ τοῦ Εὐξείνου Πόντου. — On a voulu voir dans les Apsilai des descendants des anciens Koraxoi, dont le nom rappelle celui du fleuve Korax (le Kodori), qui débouche au voisinage de Dioscurias et qui se serait aussi appelé *Absilis* chez le géographe

de Ravenne, IV, 1. Ces Apsilai seraient une branche méridionale des Abaskoi (c'est-à-dire les modernes Abkhazes) et se seraient nommés eux-mêmes Aphšil : cf. Tomaschek, *RE* II (1896), *s.v.* Ἀψίλαι, 277.

85. Nous n'avons aucun autre renseignement sur Ioulianos (Anon., 9v 31). — Trajan et Hadrien étaient cousins. L'adoption d'Hadrien, s'il y en eut vraiment une, fut repoussée jusqu'aux derniers instants de la vie de Trajan. Voir Henderson, 34-38. — Trajan, en 114, au cours d'un grand congrès où furent réunis à *Elegeia* les dynastes de cette région du Caucase, institua le système des royaumes clients de Rome, soit en offrant la dignité royale et la protection de Rome à certains princes, soit en en confirmant d'autres sur le trône, afin de s'assurer de leur dévouement et de leur docilité dans cette zone exposée des confins de l'Empire. Cette réunion, sur laquelle on ne sait pas grand-chose, est mentionnée par Eutrope, VIII, 2, 2 ; par Ruf. Festus, *Brev-*, 20, 2 : *Albanis regem dedit, Hiberos, Bosphorianos, Colchos in fidem Romanae dicionis recepit* ; par St. Jérôme, *Chron.*, p. 194 (Helm) : *Hiberos, Sauromatas, Osroenes, Arabas, Bosforanos, Colchos in fidem recepit* ; cités par Bosworth (1), 227. Des monnaies de Trajan portent comme inscription : *REGNA ADSIGNATA* (cf. P. L. Strack, *Untersuchungen zur römischen Reichsprägung des zweiten Jahrhunderts*, I, 222 sq.).

86. Abaskoi : cf. n. 84. Anon., 9v 32 Diller : Ἀβασγοί. Ce grand peuple, mentionné ici pour la première fois, dont le site d'origine se trouve plus au nord, a dû voir, à la fin du Iᵉʳ s. ap. J.-C. et au début du second, son territoire côtier réduit au nord par la présence des Sanigai, installés dans la région de Dioscurias et jusqu'au fleuve Achaious (embouchure près de Sotchi), s'il faut en croire Arrien 18, 3. Danoff, 1011, lui assigne un territoire côtier allant du Sigamès au sud (cf. n. 67) à l'actuelle Pitzunda. Voir encore Tomaschek, *RE* I (1894), *s.v.*, 20, qui, cependant, identifie le Sigamès avec l'Inguri (embouchure à Anaklia).

87. Nous ne savons rien d'autre sur ce roi (Anon., 9v 32 Diller : Ῥίμαγας).

88. Sanigai : ils s'étendent, selon Arrien, de Dioscurias à l'Achaious (cf. n. 86), c'est-à-dire sur une distance d'environ 170 km. Pline, VI, 14, (*Sebastopolis [...], gens Sanicarum, oppidum Cygnus, flumen et oppidum Penius ; deinde multis nominibus Heniochorum gentes*) donne comme limite nord aux *Sanicae* le *Penius* (c'est-à-dire le moderne Bzyb, débouchant un peu au nord du cap Pitzunda selon Baschmakoff : cf. carte 11ᵉ section ; voir aussi Kiessling, 269), donc nettement au sud de l'Achaious, et pratiquement jusqu'à la limite nord ancienne des Abaskoi (cf. n. 86), leurs voisins (cf. aussi St. Byz., *s.v.* Σαννίγαι · ἔθνος Σκυθίας τοῖς Ἀβασγοῖς παρακείμενον). Ce peuple appartiendrait encore aux Hénioques : son nom rappelle celui des Sannoi, autre branche des Hénioques. Comme les autres Hénioques, il se serait déplacé vers le sud au cours du Iᵉˡ s. ap. J.-C. (Pline est le premier à le mentionner). La migration vers le sud des Hénioques a dû partiellement se faire au plus tôt sous Tibère, car Strabon (mort

vers 21 ap. J.-C.) fait de Dioscurias une ville de Colchide (XII, 2, 14), alors que Pomponius Méla déjà (vers 42 ap. J.-C.) situe cette ville en territoire Hénioque (I, 111) et que Pline, VI, 16, à partir d'une source récente, témoigne des mouvements qui agitaient les Hénioques par la mention d'une attaque, par ce peuple, de Pitzunda, à la limite sud de son territoire. — Sur le rapprochement entre Dioscurias et les Dioscures d'une part, et avec les Ἡνίοχοι : « auriges » (les Dioscures étant honorés, entre autre, comme dieux équestres présidant aux courses de chars), cf. Méla et Pline, *ibid*. — Sur les Sanigai, voir Kiessling, 268-269, et Herrmann, *RE* I A (1920), *s.v.* Σανίγαι.

89. Nous ne savons rien d'autre sur ce roi, cité, comme les précédents, par l'Anonyme, 9v 33, à partir d'Arrien.

90. Description de cette partie de la côte dans Danoff, 887 ; cf. aussi 879, l. 27 sq. Hérodote, IV, 86, et Apoll. de Rhodes, II, 1261, estiment que le Phase marque cette limite. Peut-être sont-ils influencés par le rôle de limite entre deux continents tenu, en concurrence avec le Tanaïs (cf. *Pér.*, 19, 2), par le Phase dans l'Antiquité ; car l'Apsaros (auj. le Tchorokh) est bien l'endroit à partir duquel la côte sud s'incurve pour former la côte est du Pont-Euxin. Pour Ératosthène (cf. Strab., I, 3, 2 et II, 5, 25), c'est Dioscurias qui marque la limite extrême du Pont vers l'est. — Pour la côte est, voir Danoff, 886, l. 44 sq. et 887.

Page 10.

92. Le plus ancien témoignage précis sur les Alpes est celui de Polybe, II, 15, 8 ; III, 47, 6 sq. ; XXXIV, 10, 15 sq. (= Strab., IV, 6, 12). — Sur le Caucase, cf. Herrmann, *RE* XI (1922), *s.v.*, 59-62. Cité pour la première fois par Eschyle. *Pr.*, 422 et 719, puis par Hérodote, I, 203 sq., III, 97, IV, 12. Limite orientale du monde pour les Ioniens, le Caucase a donné son nom, après la conquête d'Alexandre, à une partie de la chaîne de l'Himalaya (Pomp. Méla, I, 81), d'où le déplacement de Prométhée en Inde, nouvelle limite du monde (Diod., XVII, 83 ; Strab., XI, 5, 5). Le Caucase fut mieux connu à partir des campagnes de Pompée contre Mithridate (Strab., XI, 2, 15 ; 5, 6).

93. Le Στρόβιλος (Anon., 9v 37) n'est mentionné que par Arrien. On a pensé qu'il pourrait s'agir du Dombai Ulgen (4046 m ; cf. Herrmann, *RE* XI (1922), *s.v.* « Kaukasos », 62), bien loin de Dioscurias, ou bien de l'Agepsta (3256 m, cf. Herrmann, *RE* IV A (1931), *s.v.* Στρόβιλος, 365), plus proche, mais nettement au nord de Dioscurias. — Le lieu du supplice de Prométhée, le « pendantd'Atlas » (Ramin, 51-52), a d'abord été situé aux extrémités orientales du monde connu à l'époque archaïque (cf. n. 92). En fait, selon G. Charachidze, 208, ce supplice aurait été situé par la légende en trois lieux différents : à la surface de la terre d'abord, d'où la présence du héros grec dans « le désert de Scythie, quelque part entre les Balkans et l'Oural », au début du *Prométhée enchaîné* d'Eschyle (1-2 et 707-709) ; puis sous la terre (Esch., *Prom.*, 1080-1084), Prométhée

se trouvant « enfoui sous la masse des montagnes déplacées »
(Charachidzé, *ibid.*) comme le dit Hermès (Esch., *Prom.*, 1016-1021) :
« Cette âpre cime d'abord, mon père, avec son tonnerre et la flamme
de sa foudre, la fera voler en éclat ; ton corps sera enfoui et c'est une
pierre courbe |πετραία δ' ἀγκάλη| qui t'enserrera » (trad. Charachid-
ze). Cette « pierre courbe » est « un amas montagneux qui revêt la
forme d'une sorte de dôme, de calotte rocheuse » (Charachidze, 216-
217). Or, nous observons que στρόβιλος, synonyme de στρόμβος
(figurant au v. 1084 du *Prom.* d'Eschyle : στρόμβοι δὲ κόνιν/εἰλίσσου-
σι : « un cyclone fait tourbillonner la poussière »), signifie à la fois
« tourbillon » et « pomme de pin », en même temps que le mot peut
évoquer un sommet de montagne ayant la forme d'une pomme de
pin. Le rapprochement avec le fruit du pin (πίτυς) fait songer à une
région « riche en pins » (Πιτυοῦς : Pityonte/Pitzunda) où pouvait se
trouver un de ces sommets en forme de pomme de pin : précisément
celle où se trouve l'Agepsta. Car la troisième localisation du supplice
de Prométhée c'est, selon G. Charachidze, 217-219, un lieu « entre
ciel et terre » : Esch., *Prom.*, 1021-1025 ; c'est-à-dire un sommet du
Caucase (lieu où Cicéron localise encore ce supplice : *Tusc.*, II, 23,
dernier vers de son adaptation en latin d'un passage du *Prométhée
délivré*) : voir Apoll. Rhod., II, 1246-1259. G. Charachidze fait
observer que cette légende ne peut être que d'origine grecque
puisqu'elle est antérieure aux premiers contacts réguliers entre les
Grecs et les populations du Caucase (VIIe s. av. J.-C.) ; la tradition
caucasienne relative à Prométhée n'est pas antérieure au IIIe s. av. J.-
C. (p. 325).

94. ἔστε ἐπί : Reuss, 389, observe qu'on rencontre environ 80 fois
cette expression dans toute l'œuvre d'Arrien (et environ 140 fois ὡς
ἐπί : *Pér.*, 17, 2). Argument supplémentaire en faveur de l'authenticité de cette partie du *Périple*.

95. La description qui commence ici n'est plus le compte rendu
d'un périple réellement effectué par Arrien, et ne prétend pas l'être.
Il est fort possible toutefois qu'Arrien, natif de Bithynie, province
occupant environ un tiers de la côte sud du Pont, ait eu une
connaissance personnelle de ces côtes (ne serait-ce qu'en venant
occuper son poste de gouverneur de Cappadoce). Cela n'est pas
certain pour Hadrien qui, au cours de son passage dans la région, en
129, semble n'avoir atteint la côte sud de l'Euxin qu'à Trapézonte,
son voyage de retour vers l'ouest s'étant, d'autre part, fait par
l'intérieur des terres, semble-t-il, en passant par Nicopolis, Neocaesa-
reia, Amaseia (cf. Stadter, 205, n. 15 ; voir aussi Magie, I, 622). Voir
cependant la n. 97. — Cette portion du *Périple* offre de nombreuses
réminiscences de Xénophon. Elles ont été relevées par Stadter, 205,
n. 20 : Arr., 12, 4/Xén., *Anab.*, VI, 4, 3-6 (Port de Calpè) ; Arr., 13,
3/Xén., VI, 2, 1 (Heraclea) ; Arr., 13, 6/Xén., VI, 3 (Thraces
bithyniens) ; Arr., 14, 4/Xén., VI, 1, 15 (Armene) ; Arr., 14, 5/Xén.,
VI, 1, 15 (Sinope) ; Arr., 16, 3/Xén., V, 5, 3 (Cotyora) ; Arr., 16,
4/Xén., V, 3, 2 (Cerasus). Voir Tonnet, 238-243.

NOTES COMPLÉMENTAIRES   39

96. Sur les avantages de la position géographique de Byzance, cf.
Polybe, IV, 2, 38. — Sur la distance de 120 stades, cf. Polybe, IV, 2,
39. — Sur le sanctuaire de Zeus Ourios : Hdt., IV, 85 (Hieron); Ps.-
Scyl., 56; Polybe, IV, 2, 39; Philostrate, *Vit. Soph.*, I, 24, 1, p. 217.
Ce sanctuaire n'est distant que de 12 stades environ du Sarapeion de
Thrace, situé en face (Polybe, *ibid.*). Sur ce sanctuaire, cf. Fr. Vian,
91, 93, 95 sq.
97. Allusion à un voyage effectué par Hadrien (mais cf. n. 95)? Il
ne semble pas qu'Hadrien ait pu parcourir cette région lors de son
voyage de 123, où eut lieu son entrevue avec le roi des Parthes sur
l'Euphrate (*Vit. Hadr.*, 12, 8; 13, 1); cf. Syme (1), 274-275 (opinion
contraire de Patsch, 72, et de Chapot (1), 149), et W. Weber (*op. cit.*
à la n. 31), p. 123. Peut-être l'expression d'Arrien veut-elle simplement opposer la bonne documentation existant sur cette portion de la
côte à la partie qu'il vient de décrire assurément moins connue?
98. Expression caractéristique des Périples : cf. Strab., XII, 3, 2.
Voir R. Güngerich, *Die Küstenbeschreibung in der griechischen
Literatur* (*Orbis Antiquus* 4) Münster, 1950, et Fr. Gisinger, *RE* XIX
1 (1937), 841-850.
99. Ῥήβας : c'est auj. le Riva Kalesi, un petit cours d'eau (cf.
Ruge, *RÉ* I A (1920), *s.v.*). Cité par : Ps.-Scyl., 92; Apoll. Rhod., II,
349 et 650; Ménippe de Perg. 5703, 4; Pline, VI, 4; Dion. Perieg.,
794 (*GGM* II, p. 154); Avien, *Descript. orb. terr.*,963 (*GGM* II,
p. 185).
100. Μέλαινα ἄκρα : Apoll. Rhod., II, 652 sq.; Ménippe, 5704, 4;
Ptol., V, 1, 3; *Tab. Peut.* C'est auj. le cap Kara Burun.
101. Ἀρτάνην : Ps.-Scyl., 92; Ménippe, 5704, 6; Ptol., V, 1, 3;
Rav., 99, 11; 364, 5; *Tab. Peut.*; etc. Le mouillage est mentionné par
Ménippe, mais non pas le temple, qu'Arrien est seul (Anon., 8r 43) à
nommer. Cette rivière serait le Kuzgun (cf. Ptol., éd. Müller, p. 795).
102. Ψίλιν : Apoll. Rhod., II, 652; Ménippe, 5706, 6; Strab., XII,
3, 7; Ptol., V, 1, 3; Rav., 99, 12; 344, 6; *Tab. Peut.* : *Philium.* C'est
auj. le Gök Su : cf. Dörner, *RE* suppl. IX (1962), *s.v.*, 1305. La
description précise du mouillage suppose que l'auteur en a peut-être
une connaissance personnelle.
103. Κάλπης λιμένα : Xén., *Anab.*, VI, 3, 25; Apoll. Rhod., II,
659; Strab., XII, 3, 7; Ménippe, 5706, 8; Pline, VI, 4; Ptol., V, 1, 3 :
K. ποταμός. Dans les environs de Kefken (le fleuve est le Doğan Çay :
cf. Lasserre, Strab., livre XII, *CUF*, p. 193) : Ruge, *RE* X (1917),
s.v., 1720, n° 2.

Page 11.

107. Cf. Anon., 8v 4, 5; *Tab. Peut.*, IX, 3; Rav., II, 17, 99; V, 9,
364. Non localisé; à l'est de l'îlot mentionné : cf, Ruge, *RE* III
(1899), col. 2226, *s.v.* « Chelai ».
108. ἵναπερ figure aussi en 15, 2.3; 18, 1.2.3; 25, 4, comme aussi
dans la lettre (6, 1; 7, 3; 9, 3; 10, 1; 11, 3.5), preuve supplémentaire

40   NOTES COMPLÉMENTAIRES

de l'authenticité de l'ensemble de l'opuscule, comme le remarque
Reuss, p. 389.

109. Fleuve cité depuis Homère, *Il.*, III, 187. C'est auj. le Sakarya ;
cf. Ruge, *RE* I A (1920), col. 2269-2270, *s.v.*, n° 1 ; Tischler, 129.

110. Ps.-Scyl., 9 ; Apoll. Rhod., II, 794 ; Ptol., V, 1, 3 ; *Tab. Peut.*,
IX, 4 ; Rav., 364, 9, etc. ; Anon., 8v 6 ; Marc. Heracl., 5710, 10. C'est
auj. le Böjuk-Melen-Čay. Cf. Danoff ; Ruge, *RE* IX (1916), *s.v.*,
col. 322.

111. Entre l'Hypios et le Lilaios/Lilaion l'Anonyme insère Dia
polis (8v 7), d'après Ménippe (cf. Marc. Heracl., 5711, et St. Byz.).
Diospolis figure dans Ptol., V, 1, au-delà d'Elaios. Pline, V, 149, cite
un fleuve : *in Bithynia... Lilaeus*. Aucune identification, ni du fleuve,
ni de l'emporion.

112. Figure dans Marc. Heracl., d'après Ménippe, 5712, 12 ;
cf. aussi : Anon., 8v 8 ; Ptol., V, 1, 3 ; Rav., 99.16 ; 364.10 : *Bilion* ;
Tab. Peut., IX, 4 : *Byleum* (comme fleuve). Non identifié comme
localité ; en tant que rivière, ce serait peut-être le Kodschaman-Su
(cf. Hamilton, carte) : voir Ruge, *RE* V (1905), *s.v.*, col. 2226.

113. Cf. Thuc., IV, 75, 2 : Κάληκα ; Diod., XII, 72, 4 : Κάχητα ;
Ménippe, dans Marc. Heracl., 5713-14 ; Anon., 8v 8 ; Memnon, *in*
Phot., *Bibl.*, 224, p. 228 b 26. Le fleuve serait l'Alapli-Čay, et
l'emporion : Alapli (cf. *Kl. Pauly* II, art. F. K. Dörner, col. 63-64) ;
selon Müller, ce serait le Kokolah (*GGM* I, p. 383).

114. Xén., *Anab.*, VI, 2, 3 ; Apoll. Rhod., II, 724 ; Pline, VI, 4 ;
Anon., 8v 9 ; *Tab. Peut.*, IX, 4 ; etc. C'est auj. le Kilidjé-Su.

115. Auj. Eregli. Xén., *Anab.*, VI, 2, 2 ; Ps.-Scyl., 91 ; Strab.,
XII, 3, 1-7 ; etc. L'archéologie ne nous apprend presque rien ; cf.
S. M. Burstein, *Outpost of Hellenism : The Emergence of Heraclea
on the Black Sea*, Univ. of California Publ. Class. Stud. XIV
Berkeley Univ. of Calif., 1976. Fondée en 560 par des Mégariens et
des Béotiens de Tanagra ; cf. Danoff, col. 1065 pour la bibliogr., et
Ruge, *RE* VIII (1913), *s.v.*, n° 19, col. 433.

116. Cf. Anon., 8v 12 : τὸ νῦν λεγόμενον Αὐλία. Aucune autre
attestation. Apoll. Rhod. cite un ἄντρον Αὔλιον, près du fleuve
Callichoros (II, 910 ; cf. Amm. Marcell., XXII, 8, 22), identifié à
l'Oxinas (schol. à Apoll. Rhod., II, 904). L'Oxinas, cependant, est à
130 stades du Metrôon dans Arrien, 13, 4. Voir Müller, *GGM* I,
p. 384.

117. Seulement dans Ménippe (= Marc. Heracl., 5719) et l'Anon.,
8v 13. Auj., le cap Tchauch Aghysi (Müller, *ibid.*), ou, plus près
d'Eregli, le cap Baba (Forbiger, II, p. 377-378), plus marqué et
abritant l'antre Achérusien (Méla, I, 103).

118. Seulement dans l'Anonyme, 8v 13 : Τοδαρίδας (cf. Diller,
p. 139). Autre nom des Dioscures, figurant dans Apoll. Rhod., II,
806, à propos d'un « cap Achérusien » (cf. Anon. : Κυρσαῖτά, nom
donné de son temps au cap, et peut-être une déformation de
'Αχερουσιάδα ?). À situer entre le Lycos et l'Oxinas (cf. Xén., *Anab.*,
VI, 2, 2). Voir Müller, *ibid.*

119. Seulement dans l'Anonyme, mais à 45 stades du précédent (8v 13). À l'ouest de l'Oxinas (cf. n. 120). Non identifié.

120. Anon., 8v 14; Ménippe (*in* Marc. Heracl., 5721); schol. Apoll. Rhod. (cf. n. 116). Bien que les distances entre l'Oxinas et Crenides ne concordent pas (Anon., 8v 15 et Ménippe, 5801 : 60 stades; Arrien : 150 stades), ce cours d'eau doit être l'Ili-Su, débouchant en Mer Noire près de Böyük Oksina (cf. Ruge, *RE* XVIII (1939), *s.v.*, col. 2005-2006).

121. Seulement dans l'Anonyme 8v 14, et dans Ménippe (= Marc. Heracl., 5722) : à 40 stades, sans doute, de l'actuelle Zongouldak (Müller, *GGM* I, p. 385; Ruge, *RE* I A (1920), *s.v.*, col. 2262), bien que la distance donnée par Arrien soit excessive.

122. Anonyme, 8v 15, Ménippe, 5801 (à 20 stades); St. Byz., *s.v.* Ψύλλα : Κράνιδες. Non identifié.

123. Anon., 8v 15; Ménippe (= Marc. Heracl., 5801); St. Byz., *s.v.* Ψύλλα et Τίος; Ptol., V, 1 : Ψύλλιον; *Tab. Peut.* : *Scylleum*; Rav., 100, 1; 364, 13 : *Sileon*. Selon Müller, *GGM* I, p. 385 : près du cap Kalimli ?

124. Ps.-Scyl., 90; Strab., XII, 3, 5 et 8; XII, 4, 7; Pline, VI, 5; Anon., 8v 15; Ménippe, 5802; Ptol., V, 1, 3; etc. Aujourd'hui Filiyas, sur la rive gauche du Billaios (voir la description précise du site dans Lasserre, Strabon, l. XII, *CUF*, p. 246). Sur sa fondation par Milet, cf. Ps.-Scymn., 959 sq.; Méla, I, 104; Anon., *loc. cit.*; Athén., VIII, 331 c. Son nom, selon St. Byz., *s.v.*, viendrait de celui d'un prêtre de Milet. Voir Müller, *GGM* I, p. 385; Ruge, *RE* VI A (1936), *s.v.*, col. 857-862; Danoff, col. 1063 sqq.

Page 12.

127. Arrien mentionne dans ses *Bithynika*, frg. 43 (Roos, p. 215), les Mariandyniens, peuplade bithynienne (cf. Strab., XII, 3, 4). L'expression Θρᾶκες οἱ Βιθυνοί est banale et témoigne de l'origine probable des Bithyniens : Hdt., I, 128 (qui parle aussi de « Thraces d'Asie » : III, 90); Thuc., IV, 75; Xén., *Hell.*, I, 3, 2, etc. Sur la limite entre Bithynie et Paphlagonie, Strabon, XII, 3, 8, est d'accord avec Arrien. Ménippe, 5805, préfère le Billaios (tout en faisant référence aux partisans du Parthénios; de même : l'Anon., 8v 16 (d'après Ménippe); Méla, I, 104; Pline, VI, 4; Callisthène (dans Strabon, XII, 3, 5). Apoll. Rhod., II, 791 et 936, ne distingue pas ces deux fleuves, confondus sous le nom de Billaios. — Les limites ont varié, la Bithynie ayant tendance à s'étendre vers l'est : jusqu'au Sangarios à l'époque perse (Strab., XII, 3, 7; 4, 1); entre Sangarios et Hippios pour le Ps.-Scyl., 91-92; jusqu'à Héracleia (Eregli) pour Xén., *Anab.*, VI, 4, 1. Jusqu'au Parthénios à la mort de Prusias Ier (235-183). La mention du Parthénios comme limite viendrait d'Artémidore (cf. Müllenhoff, *Deutsche Altertumskunde* III, p. 169).

128. Cf. Xén., *Anab.*, VI, 3, 5 (ἀπεχωρίσθησαν : Xén., *Anab.*, VI, 2, 12 sq.).

129. Il est à noter qu'Arrien ne précise pas quelles sont, à l'ouest de Trapézonte, les limites de sa province : à l'exception de Dioscurias (17, 2), l'auteur ne se soucie pas de marquer les limites politiques, mais seulement ethniques (cf. Strab., IV, 1, 1). — L'extension, vers l'est, de la Paphlagonie varie beaucoup selon les auteurs ; en progressant d'ouest en est, cette limite a été située à : 1) Stephanè (auj. Ištifan) : Ps.-Scyl., 90 ; 2) Armènè : Méla, I, 104 ; 3) au fleuve Euarchos (auj. le Čoban Çay), limite de la Paphlagonie et de la Cappadoce : Anon., 8v 38 ; Ménippe, 6002 ; 4) l'Halys : Hdt., I, 6 ; Strab., XII, 3, 9 et 12 ; schol. Apoll. Rhod., II, 366 et 946 ; 5) Amisos : Pline, VI, 7 ; Ptol., V, 4, 2 ; 6) Cotyora : Xén., *Anab.*, V, 5, 3.6 (cf. encore, *Anab.*, V, 6, 6.9 : à l'est du Thermodon). Les Paphlagoniens n'ont jamais formé d'identité politique importante et faisaient partie, sous les Romains, de la province du Pont-Bithynie (depuis Pompée, en 74 av. J.-C.). Cf. Ruge et Bittel, *RE* XVIII 2 (1949), *s.v.*, col. 2486-2550.

130. C'est auj. Amasra. L'ancien nom d'Amastris était Sésamos. Cf. Ps.-Scymn., 962 ; Strab., XII, 3, 10 ; Pline, VI, 5 ; Anon., 8v 19 sqq. ; Ménippe, 5815 sq. ; Ptol., V, 1, 7 ; etc.

131. Ce mouillage, les « Roches Érythines », est mentionné depuis Homère, *Il.*, II, 855 ; cf. Apoll. Rhod., II, 941 et schol. ; Strab., XII, 3, 10 ; Ptol., V, 1, 3 (mais plus à l'ouest) ; Anon., 8v 22 ; St. Byz., *s.v.* ; la localité d'Érythines serait sur le site de Čakaraz, à 45 km au NE de la baie où se trouve Amastris. Cette baie est bordée par une montagne se terminant par un promontoire (Delikli Tchili) qui représenterait les Roches Érythines d'Homère ; celles-ci pourraient être aussi, selon Lasserre (Strab., l. XII, *CUF*, p. 208-209), « les deux hauts promontoires rocheux et presque insulaires sur lesquels est bâtie Amastris elle-même ».

132. Site à Kortsch-Šile ; cf. L. Robert, *Études anatoliennes*, Paris (1937), p. 262-265. Mentionnée depuis Homère, *Il.*, II, 855 ; Apoll. Rhod., II, 942 ; Strab., XII, 3, 6 et 10 ; Méla, I, 104 ; Pline, VI, 5 ; Anon., 8v 23 ; Ménippe, 5817 ; Ptol., V, 1, 3 ; Rav., 96, 17 ; *Tab. Peut.*, IX, 5 ; etc.

133. Auj. Kidros. Hom., *Il.*, II, 855 ; Ps.-Scyl., 90 ; Strab., XII, 3, 5 et 10 ; Méla, *ibid.* ; Pline, *ibid.* ; Ptol., V, 1, 7 et 9 ; Ménippe, 5818 ; Anon., 8v 23 ; etc. Cf. Ruge, *RE* XII (1925), col. 224, *s.v.* ; et L. Robert, *Ét. anat.*, p. 263, n. 1.

134. Hom., *Il.*, II, 855 ; Apoll. Rhod., II, 945 ; Val. Flacc., V, 102 ; Lucien, *Alex.*, 57 ; Ménippe, 5819 ; Anon., 8v 24 ; *Tab. Peut.*, IX, 5. Cette portion de côte de plus de 100 stades et comportant une bourgade du même nom, selon Strabon, XII, 3, 10, doit se trouver dans les environs de Djiddé. Cf. Ruge et Bittel, *RE* XVIII, 2 (1949), *s.v.* « *Paphlagonia* », col. 2486-2550.

135. L'Anon., 8v 24-25, a la séquence suivante : Κλίμακα, Τιμολάϊον, Θύμινα, Κάραμβις ; les deux premiers sont dans Ménippe, 5820. Malgré ces disparités, la distance totale en stades jusqu'à Carambis est la même chez Arrien, Ménippe et l'Anonyme. Θύμηνα pourrait être

Timte (ou Timle) au SO du cap Kerempe (cf. carte de Hamilton).
Voir Ruge, *RE* VI A (1936), *s.v.* « Timolaïon », col. 1273.
136. C'est auj. le cap Kerempé. Il est souvent cité par les Anciens.
L'Anon., 8v 27-28, d'après Ménippe, 5903-5904, cite ensuite Καλλιστ-
ρατίς et, après Zéphyrion, Γάριος.
137. Anon., 8v 27; Ptol., V, 4, 2. C'est auj. Karian; cf. Treidler,
RE X A (1972), *s.v.*, nº 3a, col. 228.
138. Cité, entre autres, par : Strab., XII, 3, 10; Luc., *Alex.*, 1 et 9;
Ptol., V, 4, 2; Anon., 8v 28; Ménippe, 5905. C'est auj. Ineboli; cf.
L. Robert, *Hellenica* IX, p. 69 sq. — Sur les différentes sortes de
mouillages, voir : 14, 3 : ὅρμος, [ἐμπόριον]; 14, 4 : ὅρμος, λιμήν; 14,
5 : σάλος; 16, 6 : λιμήν autrefois ὅρμος; 18, 3 : σκέπη; 19, 5 :
ὅρμος = ναύσταθμον. On aurait donc, par ordre d'importance
croissante : σκέπη — σάλος — ὅρμος et ναύσταθμον — λιμήν.
139. Seulement dans l'Anon., 8v 29; Ménippe, 5906 et St. Byz.,
s.v. (qualifié de πολίχνιον). Ce serait le village d'Inichi, ou bien Apana
(cf. Müller, p. 387)?
140. Ps.-Scyl., 90; Strab., XII, 3, 11; Méla, I, 104; Pline, VI, 5;
Ptol., V, 4, 2; Ménippe, 5907. C'est auj. Ginolu. Cf. Ruge, *RE* XI
(1922), *s.v.* « *Kimolis*», col. 435.
141. Ps.-Scyl., 90; Pline, VI, 5; Ptol., V, 4, 2; Anon., 8v 31;
Ménippe, 5909; *Tab. Peut.*, X, 1. C'est auj. Istifan. Cf. Ruge, *RE* III
A (1929), *s.v.*, nº 4, col. 2342-2343.
142. Anon., 8v 31; Ménippe, 5911 (Ποταμοὶ χωρίον); figure aussi
dans *Synaxarium ecclesiae Constantinopolitanae* (*Propylaeum ad
Acta Sanctorum nouembris*), 106.32, 914.43 (éd. Delahaye, 1902).
Serait à situer dans la région de Kildi, où cependant ne semble se
trouver aucun fleuve, pas plus que les ruines indiquées par Müller,
p. 387. Cf. Ruge et Bittel, *RE* XVIII 2 (1949), *s.v.* « *Paphlagonia* »,
col. 2547.

Page 13.

146. Ps.-Scyl., 89; Pline, VI, 17; Anon., 8v 40; Ménippe, 6010;
Rav., II, 17; V, 10. C'est auj. Gerseh (cf. Hamilton, I, p. 304-305;
Ruge, *RE* X (1917), *s.v.* « *Karus*(s)a », col. 2244). Entre ces deux
dernières localités, l'Anon., 8v 38, et Ménippe, 6002, 10, mentionnent
l'Εὔαρχος ποταμός (l'actuel Tchobanlar Cay).
147. Anon., 8v 42; Ménippe, 6012 : Ζάγωρον χωρίον. De Carousa,
Zagôra est à 120 stades (Ménippe), à 210 (Anon.). Tous deux citent le
Ζάλικος ποταμός entre Zagôra et l'Halys. Hamilton, I, 301-302, situe
Zagôra (auj. Ghezere? cf. Müller, p. 388) à l'embouchure du Zalikos
(auj. l'Ak-Su-Cay). Aucune localisation proposée par Ruge/Bittel,
RE XVIII 2 (1949), *s.v.* « *Paphlagonia* », col. 2549.
148. L'Halys est le Kizil Imrak. Nommé pour la première fois par
Eschyle, *Pers.*, 865, il séparait anciennement la Cappadoce de la
Phrygie; cf. la réponse de l'Oracle de Delphes à Crésus : Κροῖσος
Ἅλυν διαβὰς μεγάλην ἀρχὴν καταλύσει (Hdt., I, 6; cf. Aristt., *Rhét.*,

3, 5, 1407 a ; Thucydide, I, 16). — Tout le § 15, 1 a été repris presque mot pour mot par l'Anon., 8v 44 sq., et ne vient pas de Ménippe, 6014. Par l'évocation du rôle historique joué jadis et naguère par ce fleuve, l'auteur exprime l'orgueil d'appartenir à un si puissant Empire, tout en flattant celui qui est à sa tête. Sur l'existence de la province du Pont-Bithynie depuis Pompée, cf. n. 129. — Pour l'allusion à Hérodote, cf. Hdt., I, 6 et 72 ; l'observation d'Arrien est exacte et bien dans le ton d'autres remarques de même nature (en particulier dans la lettre) : voir la Notice.

149. Outre l'intérêt de la remarque, on observera que le terme poétique d'ἔργα, qui figure parfois dans Hérodote (cf. I, 36), est surtout homérique : Il., II, 751 ; Od., II, 22.127.252, etc. Voir Reuss, p. 387.

150. Figure dans Ménippe, 6016 ; l'Anon., 8v 46 ; Rav., 100, 14 ; 365, 13 ; Tab. Peut., X, 1/2. Selon Ruge, RE XVI (1935), s.v. n° 3, col. 2028, ce lieu serait l'Ak- ou Ham-Mamly-Göl (Göl désignant la lagune décrite par Hamilton, I, p. 295, comme étant à environ 3 km de Koumjaas, que ce dernier identifie à l'ancienne Conopeion).

151. Ce lieu marécageux (κώνωψ signifie « moustique »), n'est cité que par Ménippe, 6017, et l'Anon., 8v 46. Il serait à situer dans les environs de Koumjaas selon Hamilton, I, p. 293. Voir aussi Cumont, II, p. 119.

152. Anon., 8v 47 ; Ptol., V, 4, 4 (situé par erreur dans l'intérieur des terres) ; Rav., V, 10 ; Tab. Peut., X, 1. Situé hypothétiquement par Ruge, RE VI (1907), s.v., col. 1445-1446, sur la foi de Kiepert (A IV), au cap Kaljon ; par Hamilton (carte) à Kuru Batur ; voir aussi Müller, I, p. 389 : le cap Kagalu, rapproché de l'autre nom donné à Eusènè par l'Anon., ibid. : Δαγάλη.

153. C'est auj. Samsun. Abondamment citée dans les textes anciens. Anon., 8v 4 sq. ; Ménippe, 6018 sq. Fondée au début du VIe s. par des Milésiens (Boardman (2), p. 255), Amisos reçut d'abord un apport de colons phocéens au milieu du VIe s. (cf. Ps.-Scymnos, Périég., 957-959 Diller), puis de clérouques athéniens en 437 (cf. Glotz, Histoire grecque II, Paris (1931), p. 211, cité par Lasserre, éd. de Strab., l. XII, CUF, p. 161, n. 2). Sur le site, cf. Lasserre, op. cit., p. 184-185.

154. C'est ici que commence la province de Cappadoce (cf. Ptol., V, 6). — Ancôn est cité par l'Anon., 9r 9 (d'après Arrien) ; cf. aussi Apoll. Rhod., II, 367 ; Val. Flacc., Arg., IV, 609. La côte est décrite par Hamilton, I, p. 288. Les deux branches principales de l'Iris (le Yeschil Irmak) à son embouchure embrassent une portion de côte qui fait un coude (ἀγκών) et où l'on pourrait donc situer ce port : cf. Hirschfeld RE I (1894), s.v., col. 2221 ; opinion différente de Hamilton (loc. cit.) et de Forbiger, II, p. 430 : à la hauteur du cap Derbend, où Ménippe, 6021, et l'Anon., 9r 8, citent le Lykastos (auj. le Mers Irmak) et Χαδίσιον (bourgade et rivière) où se termine la partie du Périple de Ménippe de Pergame qui nous est parvenue à travers Marcien d'Héraclée. — L'Iris est bien attesté dans les textes anciens : Xén., Anab., V, 6, 9, etc. ; Strab., XII, 3, 15 et 39 ; Ptol., V, 6, 2 ; etc.

155. L'Anon., 9r 10 est ici beaucoup plus précis : Ἀπὸ δὲ τοῦ Ἴριος ποταμοῦ εἰς Ἡράκλειαν ἱερὸν καὶ ἀκρωτήριον... Ἐνταῦθα λιμὴν μέγας ὁ λεγόμενος Λαμυρῶν. Ὅρμος ναυσὶ καὶ ὕδωρ στόλῳ. Le promontoire serait le Tchalti Burnu (cf. Hamilton, I, p. 280), mentionné par Strab., XII, 3, 17 ; Ptol., V, 6, 3 ; *Tab. Peut.*, X, 2. Cf. Ruge, *RE* VIII (1913), col. 500, *s.v.*, n° 6, et Müller, *GGM* I, p. 389, qui rappelle que, dans Apoll. Rhod., II, 965, ce même cap, mis en rapport avec l'expédition d'Héraklès contre les Amazones, est appelé Ἀμαζονίδων λιμενήοχος ἄκρη, et représenté comme tout proche du Thermodon.

156. Le Thermodon est auj. le Terme Čay. Eschyle, *Prom.*, 625 ; Hdt., IV, 110 ; Apoll. Rhod., II, 970 ; Strab., XI, 3, 15 ; etc. — Sur les Amazones et le Thermodon (Arrien, *Bithyn.*, frg. 48 Roos), cf. Pomp. Méla, I, 105 et les n. 6 et 7, p. 152 (*CUF*). Hamilton (I, p. 283) rappelle qu'autour de Thémiscyra, qu'auraient habité les Amazones, au bord du Thermodon (Hdt., IV, 86 et 110 ; Diod., IV, 16 ; Méla, *loc. cit.* ; Paus., I, 2, 1 ; etc.), une montagne (Ἀμαζόνια : Apoll. Rhod., II, 977) porte encore le nom de Mason Daği.

Page 14.

162. Cf. Ham., I, p. 270 : description du fleuve Balaman Čay, l'ancien *Sidenos*. La cité de Polémonion est mentionnée pour la première fois par Pline, VI, 11 ; puis : Ptol., V, 6, 4 ; Anon., 9r 15 ; St. Byz., *s.v.* ; Hiéroclès, 37 ; Amm. Marcell., XXII, 8, 16 ; *Tab. Peut.*, X. Anciennement Sidè (Strab., XII, 3, 16) selon Olshausen, *RE* Suppl. XIV (1974), col. 427-428, *s.v. Polemonion*, cette cité doit son nom à Polémon Iᵉʳ (*circa* 38-8 av. J.-C.) ; à Polémon II (38-64 ap. J.-C.) selon A. H. M. Jones, *The Cities of the Eastern Roman Provinces*, 1937, p. 171. Quoi qu'il en soit, la source d'Arrien est ici récente ; sans doute la même que celle de Ménippe (cf. Diller, p. 160) et de Pline (cf. Rostovtseff (3), p. 59). La ville serait à situer près de Bolaman, dans la baie formée par le cap Yasun (cf. Olshausen, *op. cit.*).

163. Sur le Yasun Burnu, le cap Jason, cf. Ham., I, p. 268. Les Argonautes y auraient débarqué : Xén., *Anab.*, VI, 2, 1 ; Ps.-Scyl., 88 ; Strab., XII, 3, 17 ; Anon., 9r 16 ; Ptol., V, 6, 4. Cf. Ruge, *RE* IX (1916), col. 782, *s.v.*

164. Uniquement dans Arrien et l'Anon., *ibid.* Une petite île : Höirat Kaleh Adassi (cf. Müller, *GGM*, I, p. 390), entre le cap Yasun et le cap Vona (= Boôn) : cf. Ham., I, p. 269.

165. Auj. Vona : cf. n. 164. Figure seulement dans l'Anon., 9r 17. Cf. Ruge, *RE* III (1899), col. 716, *s.v.*

166. Xén., *Anab.*, V, 5, 3 (colonie de Sinope) ; Diod., XIV, 31, 1 ; Strab., XII, 3, 17 ; Pline, VI, 4 ; Ptol., V, 6 ; Anon., 9r 18 sq. ; St. Byz., *s.v.* : κώμη πρὸς τῷ Πόντῳ, ὡς Ἀρριανός ; etc. On trouve les formes : Κυτέωρον, *Cotyorum*, Κύτωρος (cf. Müller, *GGM* I, p. 390). Ham. (I, p. 267) décrit le site comme étant celui d'Ordu.

167. Auj. le Melét Irmak. Pline, VI, 11; Anon., 9r 20; Rav., 101,
5; 366, 4; *Tab. Peut.*, X, 3. Cf. Ham., I, p. 267; Ruge, *RE* XV
(1931), col. 427, *s.v.*, n° 1.

168. Seulement dans l'Anon., 9r 22 (également : Φαρμαντός). C'est
auj. le Bazar Su. Cf. Ham., I, p. 266; Herrmann, *RE* XIX (1937),
col. 1842, *s.v.*

169. Pline, VI, 32, situe *Pharnacea* en face de l'île d'*Aria* à propos
de laquelle il rapporte la même légende que Méla, II, 98. Cette île est
l'*Aretias* d'Arrien, 16, 4, à 30 stades de *Pharnakeia*, l'῎Αρεως νῆσος
du Ps.-Scyl., 86 (cf. aussi Ps.-Scymn., *Périég.*, 911-913), dans laquelle
on reconnaît Kerasun Adà, au large de Giresun. Giresun est le nom
moderne de Pharnakeia (Strab., XII, 3, 13 et 17-19), et rappelle le
nom antérieur de Κερασοῦς, s'il faut en croire Arrien (et l'Anon., 9r
22), qui assimile cette dernière à Pharnakeia. Cependant, Pline, VI,
11, les distingue comme aussi Strab., XII, 3, 17 (Κερασοῦς, entre
Hermonassa et Trapézonte, devant être d'après Fr. Lasserre, *CUF*,
p. 187, Kalenima). Comme il a fallu trois jours à Xénophon pour
accomplir les 106 km de Trapézonte à Kerasous (*Anab.*, V, 3, 2), cette
dernière doit bien être celle qui, selon Arrien, notre seule source sur
ce point, est devenue Pharnakeia, et dont Xénophon (*ibid.*) fait une
fondation de Sinope (des monnaies de Pharnakeia datant du IIᵉ s. av.
J.-C., portent le nom de *Cerasus* : cf. W. H. Waddington, *Recueil
général des monnaies grecques d'Asie Mineure*, 101). Il subsiste des
restes du rempart hellénistique de Pharnakeia (fondation de Phar-
nace Iᵉʳ, le grand-père de Mithridate VI, semble-t-il).

170. Voir n. 169. Appelé aussi Ἀρητιάς (Apoll. Rhod., II, 1031,
1047, etc.) et *Chalceritis* (Pline, VI, 32). Cf. Tomaschek, *RE* II
(1896), col. 642, *s.v.* ῎Αρεως νῆσος.

171. Auj. le cap Zefréh. Ps.-Scyl., 86; Anon., 9r 28; Ptol., V, 6,
10. Ham., I, p. 261; Treidler, *RE* X A (1972), col. 228, *s.v.*, 3° b.

172. Auj. Tirebolu. Pline, VI, 11 (*castellum*); Anon., 9r 29. Ham.,
I, p. 255-257; cf. Ruge, *RE* VII A (1948), col. 202, *s.v.*

173. Anon., 9r 29. N'est pas autrement connu. Aucune localisation
proposée (selon Hamilton, I, p. 259, se trouverait dans un district
minier à environ 35 km de Tirebolu).

174. Pline, VI, 11; Anon., *ibid.*; *Tab. Peut.*, X, 3. Serait auj.
Elchi selon Ham., I, 254; Ruge, *RE* XIX (1937), col. 2485 sq., *s.v.*;
Müller, *GGM* I, p. 391.

175. Seulement dans l'Anon., 9r 30. Auj. Görele, à 20 km à l'est de
Tirebolu. Cf. Ruge, *RE* XI (1922), col. 1373, *s.v.*

176. Entre Κόραλλα et Ἱερὸν ὄρος l'Anon. insère Κερασοῦς πόλις
(9r 30), différente de celle citée antérieurement par Arrien (cf.
n. 169). Ἱερὸν ὄρος : Apoll. Rhod., II, 1015 (et schol. renvoyant à
Ctésias et à un Périple d'Agathon); Anon., *ibid.* C'est l'actuel cap
Yoros. Ham., I, p. 243; Ruge, *RE* VIII (1913), col. 1530, *s.v.*, n° 3.

177. Anon., 9r 31; Ptol., V, 6, 6; *Tab. Peut.*, X, 3; Rav., 101, 9;
366, 9; peut-être aussi Pline, VI, 11 (mais il faut distinguer cette
Κορδύλη de celle qui est à l'est de Trapézonte, Anon., 9r 39; Ptol., V,

6, 10). Au voisinage de Akjah Kaléh : Ham., I, p. 248; cf. Ruge, *RE* XI (1922), col. 1386, *s.v.*, n° 1.

178. Hécatée de Milet, *FGrH* 1, F 208; Ps.-Scymn., 886; Strab., XII, 3, 17; Anon., 9r 31; Ptol., V, 6, 4. Ce serait auj. Akçaabat (naguère Platana), à 13 km à l'ouest de Trabzon : Ham., I, p. 247; Ruge, *RE* VIII (1913), col. 899, *s.v.*, n° 2; Lasserre, Strab., XII, *CUF*, p. 214.

Page 15.

179. Ce port, s'il a existé (et là-dessus Arrien nous fournit notre seul témoignage), n'a laissé aucun vestige. Sur la position stratégique de Trapézonte et de la flotte qui s'y trouvait stationnée, voir la Notice. On peut certes estimer que ce port, en voie de construction (ποιεῖς), ne fut jamais achevé; ce qui serait étonnant car Trapézonte figure encore, certainement comme port militaire, sur le bouclier trouvé à Doura Europos (1re moitié du IIIe s. ap. J.-C.) : cf. Fr. Cumont, p. 365, n. 3 (et, du même auteur : « *Fragment de bouclier portant une liste d'étapes* », in *Syria*, 6, 1925, p. 1-15). Après cette date, il est vrai, on n'entend plus parler de ce port. L'importance de Trapézonte comme ville portuaire est antérieure à l'annexion romaine (cf. Tac., *Hist.*, III, 47) et justifierait les travaux entrepris sur l'ordre d'Hadrien (sur son activité de bâtisseur, voir les témoignages dans *Hist. August.*, *Hadr.*, 19, 2 : *in omnibus paene urbibus aliquid aedificauit*; il effectua : *opera ubique infinita*; *ibid.*, 19, 9. Dion Cassius, LXIX, 5, 3 : ταῖς μὲν = πόλεσι) ὕδωρ ταῖς δὲ λιμένας... διδούς). Parmi les historiens modernes, beaucoup ne doutent pas de l'existence d'un tel port : Cumont, *op. cit.*; Reddé, p. 259-260; et même Chapot (1), p. 133, qui pourtant met en doute l'authenticité du *Périple*. Voir encore Mommsen (*Röm. Gesch.*, V³, p. 396), qui fait de Trapézos le port d'attache de la *Classis Pontica*, et Patsch, p. 71-72. Reuss, cependant, pense que ce port n'a jamais été commencé (opinion partagée par Marenghi (1), p. 18). — ὅσον ἀποσαλεύειν : valeur limitative de ὅσον : « autant et pas plus » (cf. Bailly, p. 1412, et Liddell-Scott, p. 1261, IV, 1; pour l'emploi avec l'inf., cf. Humbert, *Synt. gr.*, p. 126, § 213). — M. Reddé observe que, bien que λιμήν évoque souvent une installation portuaire, il peut désigner une simple rade et qu'il n'existe aucun vocable désignant spécifiquement un port militaire, que les Anciens ne distinguaient pas du port de commerce (p. 148-149, n. 6). ὅρμος, quant à lui, désigne toute sorte de port d'importance variée, pouvant accueillir de gros bateaux comme de petites embarcations (*ibid.*; cf. aussi p. 260, n. 44).

180. Sur les problèmes soulevés par ce passage, dont la maladresse révélerait, selon certains, l'intervention d'un faussaire, voir la Notice. Sur l'assimilation, rappelée ici, de Dioscurias à Sébastopolis, cf. 10, 4. Ajoutons que, comme le remarque Chapot ((1), p. 138-139) « les deux noms ont persisté, et plutôt encore Dioscurias, la seule que connaisse

Ammien Marcellin [...]; elle évite l'amphibologie, car il n'y a eu qu'une Dioscurias, et l'on connaît plusieurs Sébastopolis. »

181. Nul ne peut nier la maladresse de ce passage, avec notamment la pénible répétition de ἐπὶ δεξιά et ἐν δεξιᾷ (cf. Brandis, p. 112; Reuss, p. 377), au reste formules caractéristiques d'un Périple; mais pourquoi cette maladresse serait-elle la marque d'un faussaire? Ce passage est la suite de 11, 5 (cf. Anon., 9v 36-41, qui présente l'ensemble en un développement continu). — Comme le note Roos ((1), p. 111), il n'y a pas de contradiction entre cette limite assignée à l'Empire et l'existence au nord de Dioscurias du royaume client des Zilches, confié par Hadrien à Stachemphax (18, 3), la notion de frontière n'étant pas celle à laquelle nous sommes habitués : « Au-delà de défenses fixes, l'armée contrôlait un vaste glacis. Au-delà de ce glacis, elle possédait encore cette sorte de défense avancée et non négligeable que constitue le renseignement... » (R. Rebuffat, cité par Leveau, p. 99). Ce qui nous semble imprécision, exagération, relève en fait de cette conception : cf. la confusion entre *orbis terrarum* et *orbis Romanus*, ou bien la formule : ἡ ὑπὸ Ῥωμαίων οἰκουμένη (Plut., *Pomp.*, 25). Voir là-dessus Cl. Nicolet, p. 45-46; 50 et 237, n. 27; 55 et 57. Sur le problème des frontières dans l'Antiquité, voir Whittaker, p. 28, 32-33, 42, 49; Isaac, p. 373, 395, 402, 405, 409, 417-418; Mann, p. 508-533.

182. Le Bosphore Cimmérien est cité pour la première fois par Hdt., IV, 12. C'est auj. le détroit de Kertch. Voir Burr, p. 36-37. — Depuis l'époque hellénistique, les navires, en particulier les transports de blé (Rostovtseff, *Iranians and Greeks in South Russia*, Oxford, 1922, p. 159-160), traversaient régulièrement la mer Noire pour aller des côtes sud au détroit de Kertch, sans avoir besoin de longer les côtes (cf. Strab., VII, 4, 3; voir Rostovtseff, *Annual of the British School at Athens*, 22 (1916-1918), p. 1-22). Mais l'objection de Chapot (1), p. 143) n'est pas valable dans le cas du *Périple* où il n'est pas question de commerce, mais de la politique et de l'influence de Rome dans une région encore assez imparfaitement connue pour que Corbulon ait jugé bon d'envoyer à Néron une carte de la contrée (Pline, VI, 40). — Le problème véritable est celui de la politique de Rome dans cette région. Notons d'abord qu'Arrien ne fait aucune allusion à une quelconque menace des Alains. Celle-ci ne saurait donc, à l'époque du *Périple*, être invoquée comme raison du renforcement des garnisons de l'angle sud-est de la mer Noire (cf. Bosworth (1), p. 219). Bien que jamais occupée par Rome (pour Pityonte, voir n. 184), la portion de côte au nord de Dioscurias jusqu'au royaume du Bosphore Cimmérien faisait partie de sa « sphère d'influence » (Rostovtseff (2), p. 82; Minns, p. 24). Mais, est-il vrai, comme le prétend Chapot (1), p. 136), que le Bosphore n'était pas du ressort du gouverneur de Cappadoce, mais de celui de Mésie? Les rapports d' « amitié » entre Rome et le royaume bosporan remontent à l'époque de Pompée (App., *Mithr.*, 113). Désormais et jusqu'au IVᵉ s. ap. J.-C., ce royaume connut de longues périodes de

relative soumission à Rome, en particulier après 63 ap. J.-C. (cf. Nawotka, spécialement p. 326-331), où, à la suite des campagnes de Plautius Siluanus, des garnisons romaines furent établies dans différentes cités côtières de Tauride et du royaume bosporan (Jos., *Ant. Iud.*, II, 16, 4; voir Shelov, p. 62-63). Si l'influence et la présence de Rome se trouvèrent affaiblies durant les guerres daciques, elles s'affirmèrent de nouveau après la victoire de Trajan (Shelov, *ibid.* ; Nawotka, p. 331; Rostovtseff (2), p. 84). Bien qu'aucun document ne permette de trancher, Rostovtseff (2), p. 82-83) pense que les troupes romaines de la région relevaient du gouverneur de Mésie (comme par ex., au IIe s., celles qui étaient stationnées à Chersonésos sous les ordres d'un tribun militaire, également à la tête d'un détachement de la flotte de Mésie : *ibid.*, p. 85), alors que les troupes stationnées dans le Caucase dépendaient du gouverneur de Cappadoce (cf. une inscription de 185 ap. J.-C. : CIL III 6052; voir Rostovtseff (2), p. 86). Ce renforcement de la présence romaine après les guerres daciques explique l'initiative d'Arrien, qui semble cependant ici (zèle de courtisan et d'ambitieux?) empiéter quelque peu sur le domaine du gouverneur de Mésie. De toute façon l'étroite dépendance qui fut celle du royaume bosporan après 63, et qui se relâcha beaucoup durant les guerres daciques, ne revint plus au IIe s. où les seules forces romaines présentes à l'occasion étaient des troupes auxiliaires (et non des légions) sous les ordres des rois bosporans et destinées à rappeler discrètement l'existence d'intérêts politiques romains dans la région (d'où l'expression vague d'Arrien : εἴ τι βουλεύοιο περὶ τοῦ Βοσπόρου). — Sur l'importance de la mention de Cotys pour la datation du *Périple*, voir la Notice. Cotys II, c'est-à-dire Ti. Iulius Cotys, βασιλεὺς βασιλέων φιλόκαισαρ φιλορωμαῖος, régna de 123/124 à 131/132 (= 420-429 de l'ère bosporane), dates établies grâce aux émissions monétaires de Cotys (voir aussi Phlég. de Tralles, *FGrH.*, 257, F 17, = Const. Porphyr., *De Them.*, II, 12). Il semble cependant que les premières émissions de son successeur, Rhoemetalkes, soient à dater de 428 de l'ère bosporane (cf. Minns, p. 604-606, et A. N. Zograph, *Ancient Coinage*, Oxford (1977), p. 324-325). On peut en conclure, comme Bosworth ((4), p. 242), que Cotys est probablement mort à l'extrême fin de 428, alors que les monnaies de son règne datées de 429 étaient déjà émises. La mort de Cotys serait donc plutôt à dater de la fin de 131. On sait qu'Hadrien étendit son royaume en lui concédant l'autorité sur Chersonésos (Phlég., *ibid.*) dès le début de son règne (cf. Gajdukevič, p. 350), à la suite d'une victoire sur les Sarmates. À sa mort lui succéda Tib. Iulius Rhoemetalkes I (cf. Head, HN^2 504; *Prosop. Imp. Rom.* III, 132, 53) qui régna de 131/132 à 153/154 (cf. Minns, p. 604-606). Le rôle joué par Hadrien dans son accession au trône est bien marqué par l'inscription que Rhoemetalkes lui dédia (cf. n. 208). Quel fut dans ce domaine le rôle joué par Arrien? Il semblerait que la statue dédiée par Rhoemetalkes à Hadrien ne portait, contrairement à l'opinion de certains, aucune inscription

50   NOTES COMPLÉMENTAIRES

concernant Arrien (cf. Stein, *Prosopogr. Imp. Rom.*, III, p. 138).

183. Le texte ne laisse aucun doute (ὁρμηθεῖσιν... πρῶτος ἂν εἴη...) : Arrien entame la description d'une portion de côte qu'il n'a pas parcourue (cf. Stadter, p. 39-40).

184. Auj. Pitzunda. Strab., XI, 2, 14 ; Pline, VI, 16 ; Anon., 9v 42 ; Zosime, I, 32. « Localité située à l'extrémité d'une longue plantation de pins » (Chapot (1), p. 152, dont les objections sont, à notre avis, sans valeur : cf. p. 152-153). Voir Danoff, col. 1140 ; Diehl, *RE* XX (1950), col. 1883-1884, *s.v.* Une garnison romaine y fut stationnée à partir de la seconde moitié du IIᵉ s. ap. J.-C. (cf. Lordkipanidze (7), p. 140, renvoyant à Levkinadze).

185. Nitikè n'est citée dans aucun autre texte (Anon., 9v 42 : εἰς Στεννιτικήν). Elle serait à situer à environ 25 km au nord de Pitzunda, ce qui pourrait correspondre à la région de Gagra (cf. Herrmann, *RE* XVII (1936), col. 769-770, *s.v*). — Les « mangeurs de poux » (φθειροτρωκτέοντες) figurent déjà dans Hdt., IV, 109 (φθειροτρα-γέουσι) ; puis dans Strabon, XI, 2, 1 (« en arrière » des peuples cités du nord au aud : Zyges, Hénioches, Cercètes, Macropogons, après quoi vient la Colchide) ; chez Méla, I, 110 et Pline, VI, 14. Ce peuple, présenté par Arrien comme disparu (πάλαι), pourrait avoir occupé l'arrière-pays au nord de Pitzunda, le long de la région côtière (plutôt qu'au voisinage d'une ville) appelée ἡ Νιτική et qui peut avoir commencé à la hauteur de Gagra (entre Adler et Tuapse, selon l'hypothèse de Lasserre, Strab., l. XI, *CUF*, p. 170). Étant donné sa formation, ἡ Νιτική semble désigner plutôt une région : cf. Anon., 9v 44 : εἰς Στεννιτικὴν χώραν (avec une fausse coupe qui s'explique comme le nom d'Istamboul, autrefois Stamboul, issu de εἰς τὴν πόλιν). La présence dans Strabon des Macropogons inciterait plutôt à penser qu'il s'agit d'un peuple de fantaisie, ou d'un nom désignant de façon vague, « sans aucune attache géographique précise », « les montagnards à demi sauvages entrevus au-dessus de cette côte et sur le marché de Dioscurias » (Lasserre, *ibid.*).

186. Ce fleuve rappelle le nom des Ἀβασκοί et témoigne sans doute de l'extension plus au nord des Abkhazes (cf. n. 84) ; voir Kiessling, *RE* VIII (1913), col. 274, *s.v.* Ἡνίοχοι. Tomaschek (*RE* I (1894), col. 20, *s.v.* « *Abaskos* ») prétend que les Portulans italiens comportent dans cette région une localité du nom de Ayazo, rappelant vaguement Abaskos (?). Selon Kiessling, *RE* VIII (1913), col. 500, *s.v.* « *Herakleion* », nᵒ 9 et 10, ce serait le Psou (?). Il n'est cité que par l'Anon., 9v 45, d'après Arrien.

Page 16.

190. L'Achaionte est cité aussi par l'Anon., 10r 2 ; Rav., 368, 6 ; *Tab. Peut.*, X, 2. C'est auj. le Sotchi : cf. Müller, *ibid.* ; Baschmakoff, carte 12ᵉ/13ᵉ sections ; Tomaschek, *RE* I (1894), col. 208, *s.v.* ; Danoff, col. 929. — Sur les Saniges et les mouvements de peuples dans cette région, cf. les n. 86 et 88.

NOTES COMPLÉMENTAIRES   51

191. Cf. Anon., 10r 2. Pline, VI, 19, semble citer les Zilches sous le
nom de *Zigae*, au nord du Caucase, dans la région du Palus Méotide
(l'actuelle mer d'Azov). Ptolémée, V, 8, 12 mentionne des Ζίγχοι en
Sindique (le *ms.* du *Périple* d'Arrien porte, dans la marge : Σιχχοί).
Procope, *Bell. Got.*, VIII, 4, 3, les situe, par erreur sans doute, au sud
des Saniges : Τοῖς δὲ δὴ Ζήχχοις κατὰ μὲν παλαιὸν ὁ 'Ρωμαίων
αὐτοκράτωρ βασιλέα καθίστη, τὸ δὲ νῦν οὐδ' ὁτιοῦν 'Ρωμαίοις
ἐπακούουσιν οἱ βάρβαροι οὗτοι. Μετὰ δὲ αὐτοὺς [= au nord] Σαγίδαι
[= Σανίγαι] μὲν οἰκοῦσι, μοῖραν δὲ αὐτῶν τῆς παραλίας 'Ρωμαῖοι ἐκ
παλαιοῦ ἔσχον, φρούριά τε δειμάμενοι ἐπιθαλάσσια δύο Σεβαστόπολίν
τε καὶ Πιτυοῦντα. Ils sont encore cités par Eustathe, *Ad Dionys.*, 680
(au sud de la Sindique). Leur région est appelée par Const. Porphyr.,
De adm. imp., I, 42 : Ζιχία. Strabon, XI, 2, 14, à partir d'une source
remontant aux guerres contre Mithridate, nomme, du nord au sud, le
long de la côte : Achéens, Ζυγοί, Hénioques, Kerkètes, Mosques,
Colchidiens ; de même en XI, 2, 12, précisant que ces peuples se
trouvent « après la Sindique et Gorgippia » (auj. Anapa). Les Ζυγοί
(ou Ζιλχοί) occupaient donc, au Iᵉʳ s. av. J.-C., la région côtière allant,
selon Lasserre, de Novorossisk à Touapse (*CUF*, l. XI, p. 179, *s.v.*).
Leur habitat était donc plus au nord que celui que leur assigne Arrien
(au nord de Sotchi). Cela est tout à fait vraisemblable étant donné les
mouvements de populations qui ont eu lieu dans cette région et dont
παλαιὰ Λαζική et παλαιὰ 'Αχαιΐα portent témoignage. — L'Anon.,
10r 2, nomme aussi le roi des Ζίχοι : Σταχέμφλας. Son nom ne figure
nulle part ailleurs.

192. Ce deuxième cap Héraklès est mentionné par l'Anon., 10r 4.
Sur cette côte peu découpée il y a peu de caps. L'Anon. (*ibid.*) appelle
aussi celui-ci τὰ Έρημα. Baschmakoff (carte, section 13) propose un
endroit de la côte où se trouve la ville de Golovinka ; Müller (*Fragm.
hist. graec.* V, p. 180) propose Tchech-bepe(?). Il s'agit sans doute
d'un lieu au sud de Lazarevskoje : l'Anon., 10r 4, en effet, cite entre
ce cap et le cap suivant, auquel Arrien ne donne pas de nom, un autre
cap : ἐν ᾧ καὶ νῦν λέγεται τὸ Βαγᾶ κάστρον, indiqué sur la carte de
Baschmakoff sous le nom de Baga (carte, section 13) [est-ce l'Ache de
Müller, *Fragm. hist. graec.* V, p. 180?], entre Golovinka au sud et
Lazarevskoje plus au nord.

193. Cf. Anon., 10r 5 (mais, sans doute par erreur, distant
seulement de 80 stades). Ce cap sans nom : ἐν ᾧ νῦν λέγεται Λαιαί
(Anon.), est situé par Müller (*ibid.*) près de Touapse : le cap Kodoch
(ou Kardach ou Mamai, selon Müller). Ce cap est peut-être la
Τορετικὴ ἄκρα de Ptol., V, 8, 4, que Baschmakoff (carte, 14ᵉ section)
et Müller (carte XVIII) placent à Touapse.

194. Étienne de Byzance fait allusion, à propos de Παλαιὰ Λαζική,
à ce passage d'Arrien : *s.v.* Λαζοί · Σκυθῶν ἔθνος. Ἔστι καὶ χωρίον
Παλαιὰ Λαζική, ὡς 'Αρριανός. Ce toponyme témoigne du déplacement vers le sud des Lazes au cours de l'histoire (cf. n. 77, 79, 82) :
voir Herrmann, *RE* XII (1925), col. 1042-1043, *s.v.* Selon Artémidore
(Strab., XI, 2, 14) la côte des Kerkètes s'étend sur 850 stades (environ

157 km) à partir de Bata (auj. Novorossisk : cf. Lasserre, Strab., l. XI, *CUF*, p. 151) vers le sud, après quoi viendraient les Achaioi sur 500 stades (= 92 km). Or, Kiessling (col. 260-261) observe que Ptolémée, V, 8, 4, compte également l'équivalent de 850 stades de Βάτα κώμη à un cap des Torètes (qui n'est pas autrement connu), qui limite au sud-est un golfe des Kerkètes (*ibid.*). [Sur la probable confusion entre Kerkètes et Torètes, cf. Gajdukevič, p. 237-238; ces deux peuples, distingués par le Ps.-Scyl., 73 et Artémidore (= Strab., *loc. cit.*), mais occupant des positions respectives différentes chez ces deux auteurs, sont confondus par l'Anon., 10r 13]. Cette limite doit être celle qu'Artémidore fixe à la côte des Kerkètes (cf. déjà Ps.-Scyl., 73-76, qui cite du nord au sud : Kerkètes, Torètes, Achaioi, Hénioques; voir la carte de Baschmakoff, 14ᵉ section). Ce golfe des Kerkètes s'ouvre au nord-ouest, là où se trouve la localité d'Achaia (qui est certainement Palaia Achaia) : Ptol., *ibid.* Entre Achaia et Τορετικὴ ἄκρα se trouve, selon Ptol. (*ibid.*), Λαζὸς πόλις, située donc en territoire Kerkète à environ 250 stades de Τορετικὴ ἄκρα (Ptol., *ibid.*). Or, étant donné qu'Arrien compte 680 stades (= 130 km environ) de Ἱερὸς λιμήν (dans la baie de Novorossisk) à Παλαιὰ Λαζική, la différence (850 stades — 680 stades = 170 stades) correspond en gros à la distance donnée par Ptolémée entre Τορετικὴ ἄκρα et Λαζὸς πόλις qui est donc Παλαιὰ Λαζική. La distance de Bata au cap des Torètes permettrait de situer ce dernier aux environs immédiats de Touapse (cf. n. 193). Παλαιὰ Λαζική serait Nebug (cf. Müller, carte XVIII, et Baschmakoff, carte, 14ᵉ section), appelée aussi Neghepsouco (rappelant l'autre nom de ce lieu dans l'Anon., 10r 6 : Νίκοψις) par Müller (Ptol., *ibid.*, p. 909 n.).

195. Sur la position relative de Παλαιὰ Ἀχαιία (voir aussi Anon., 10r 3-8), cf. n. 194. — D'après Artémidore les Achaioi étaient établis sur 500 stades à partir de Touapse vers le sud (cf. n. 194; jusqu'à Sotchi selon Kiessling, col. 261). Plus au sud se trouveraient les Hénioques, sur 1000 stades jusqu'à Pityonte (cf. Strab., XI, 2, 14). Cette disposition est déjà celle du Ps.-Scyl., 73-76. Le fleuve Ἀχαιοῦς (cf. n. 190) témoigne de la présence des Achaioi dans cette région, où cependant, par suite d'un mouvement de peuples (cf. n. 86 et 88), ils ne sont pas restés. En effet, à l'époque des guerres de Mithridate, les historiens du temps les situent au nord des Zyges, des Hénioques et des Kerkètes (cf. Strab., *ibid.*), c'est-à-dire sur l'ancienne côte des Kerkètes (cf. Pline, IV, 17, procédant du sud au nord : *in ora autem iuxta Cercetae flumen Icarus Achaei cum oppido Hiero et flumine, ab Heracleo* $\overline{CXXXVI}$*. Inde promunturium Crunoe, a quo supercilium arduum tenent Toretae, ciuitas Sindica,* etc. : *oppidum Hieron* est Ἱερὸς λιμήν, au voisinage de Novorossisk) ; on remarquera aussi que, dans le texte de Pline, les Torètes ont été également repoussés vers le nord (ni ces derniers, ni les Achaioi ne sont cités par Arrien). Témoigne du nouvel habitat des Achaioi le site de Palaia Achaia, dont le qualificatif, cependant, doit indiquer un nouveau déplacement de ce peuple, plus au nord. — Παλαιὰ Ἀχαιία est situé hypothétique-

ment à Chapsoukho par Müller (*GGM* I, p. 393 et la carte) et par Baschmakoff (carte, 14ᵉ section); aux environs de Djoubga (à quelques km au nord-ouest) par Kiessling, col. 264.

196. Anon., 10r 9-12. Πάγρας λιμήν n'est pas autrement attesté (certains l'assimilent au Τορικὸς πόλις καὶ λιμήν du Ps.-Scyl., 74). Il serait sur l'actuel site de Gelendžik, à 43 km au sud-est de Novorossisk (cf. Gajdukevič, p. 237).

197. Anon., 10r 11. Autre nom de Bata (Strab., XI, 2, 14), ou port de Bata, Ἱερὸς λιμήν est à chercher sur le site de Novorossisk. Ps.-Scyl. : Πάτους (72); Pline, VI, 17 : *oppidum Hierum*; Ptol., V, 8, 4, distingue Βατὰ κώμη de Βατὰ λιμήν. Cf. Gajdukevič, p. 236-237. Selon ce dernier, cette région appartient un temps (début du Iᵉʳ s. de notre ère) au royaume bosporan.

198. Σινδική : Anon., 10r 12; appelée aussi Γοργιππία (Strab., XI, 2, 10). Ville abondamment citée : Ps.-Scyl., 72; Ps.-Scymn., 888-889; Pomp. Méla, I, 111 (*Sindos*); Pline, VI, 17 (*Sindica ciuitas*); Ptol., V, 8, 4 (Σίνδα κώμη et Σινδικὸς λιμήν); *Tab. Peut.*, (*Sindecae*); Rav., II, 12 (*Sindice*); etc. C'est auj. Anapa. Cf. Danoff, col. 1137 sq.; Gorbunova, p. 50; Gajdukevič, p. 59-60 et p. 228-235. Bosworth ((1), p. 219, n. 7) remarque que, en 18, 4, Arrien ne cite aucun nom de peuple : à cette date, les Alains, au nord-est, ne menacent pas encore ces territoires. Les peuples énumérés par l'Anon., 10r 7-23, le sont, en partie, à travers l'épitomé de Ménippe de Pergame par Marcien d'Héraclée.

199. L'Anon., 10r 13-12r 8, offre ici un long passage qui n'est pas puisé dans Arrien et énumère cinq stations entre Sindikè et Panticapée (pour le détail, voir Diller, p. 104). Pour la portion Bosphore Cimmérien — Ister, où Arrien se montre si rapide et insuffisant, parfois inexact, l'Anonyme utilise d'autres sources (dont peut-être Ménippe) : cf. Diller, p. 103.

200. Le Bosphore Cimmérien est le détroit de Kertch : cf. la description de Strabon, XI, 2, 5-8.

201. Site occupé par Kertch; cf. la description de cette ville, la plus importante du Bosphore Cimmérien, par Strab., VII, 4, 4. Voir Gajdukevič, p. 170-179 et 401-404; Danoff, col. 1119-1124; Boardman (1), p. 45-47; Gorbunova, p. 53-54.

202. Le Tanaïs, l'actuel Don, est abondamment cité par les Anciens, notamment en raison de son rôle de limite entre deux continents (voir n. 204).

203. Le Palus Méotide est la mer d'Azov. Il est largement cité par les Anciens. Cf. notamment Hdt., IV, 45 et 57; Strab., VII, 4, 5. — On a fait remarquer que le Tanaïs ne sort pas du Méotide pour se jeter dans l'Euxin (Diller, p. 104). L'erreur de l'auteur s'aggrave du fait que Panticapée semble, dans sa formulation, être encore en Asie alors qu'elle se trouve sur la rive européenne du détroit. La même erreur se retrouve chez Procope, *B. Got.*, IV, 4, 10; elle serait déjà chez Artémidore (*scol.* à Den. le Périég., 872-874) : cf. Müllenhoff, *Deutsche Altertumskunde* III, p. 46 A 1. A-t-elle son origine dans les

habitudes de langage de la population locale, comme le laisse entendre Procope (*ibid.*)? Τάναιν δὲ καλοῦσιν οἱ ἐπιχώριοι καὶ τὴν ἐκβολὴν ταύτην, <ἥπερ> ἐκ λίμνης ἀρξαμένη τῆς Μαιώτιδος ἄχρι ἐς τὸν Εὔξεινον Πόντον διήκει. — Sur le nom du Palus Méotide en rapport avec celui d'un peuple habitant la région, les Méotes, cf. Burr, p. 37-40.

Page 17.

204. Pour la citation d'Eschyle, cf. Anon., 10r 29-11r 5. Voir S. Radt, *Trag. Graec. Fragm.*, vol. III, *Aeschylus*, Göttingen, 1985, fragm. 190, p. 307-308. Il faut supposer que Procope a disposé de renseignements plus précis sur cette pièce lorsqu'il écrit (*B. Got.*, IV, 6, 15) : ὁ τραγῳδοποιὸς Αἰσχύλος ἐν Προμηθεῖ τῷ λυομένῳ εὐθὺς ἀρχόμενος τῆς τραγῳδίας τὸν ποταμὸν Φᾶσιν τέρμονα καλεῖ γῆς τε καὶ Ἀσίας καὶ τῆς Εὐρώπης. — Le problème des limites entre les continents s'est posé dès les géographes ioniens (cf. Hdt., IV, 45). Voir sur ce point W. A. Heidel, *The Frame of the Ancient Greek Maps*, New York, 1937 (réimpr. 1976), p. 32-33 ; Jacoby, *F.gr.H.* I, p. 353-354. Il est probable que le Phase a été connu des Grecs avant le Tanaïs. Nombre d'auteurs anciens présentent en effet le fleuve de Colchide comme une des extrémités du monde connu : Plat., *Phédon*, 109 b ; Eur., *Hippol.*, 3 ; 746 ; 1053. Le Tanaïs s'est rapidement imposé comme limite entre l'Europe et l'Asie : Ps.-Scyl., 68 ; *scol.* à Apoll. Rhod., IV, 284 ; Strab., II, 4, 6 ; Agathem., *Geogr. inf*, I, 3 (= Müller, *GGM* II, p. 472). Observons que, dès l'époque ionienne, est apparue une autre façon de délimiter les continents : par les isthmes ; cf. Berger, *Gesch. der wiss, Erdkunde der Griech.*, Leipzig, 1903², p. 93-99. Voir là-dessus Strab., I, 2, 28 ; 4, 7-8.

205. λέγεται : expression employée par l'auteur chaque fois qu'il veut exprimer un doute sur les faits rapportés par lui : 6, 3 ; 6, 4 ; 15, 3 ; 21, 1.

206. 9000 stades, soit environ 1600 km (en réalité, environ 1100) ; ce chiffre est aussi celui de Strab., II, 5, 23 et VII, 4, 5 (d'après Ératosthène selon Berger, *Die geogr. Fragm. des Eratosthenes*, Leipzig, 1880, réimpr. Amsterdam, 1964, p. 94. De même Agath., *Geogr. inform.*, III, 10, *GGM* II, p. 474). Polybe, IV, 39, 1, est plus proche de la réalité : 8000 stades. Burr (p. 37, n. 75) observe que les auteurs anciens majorent la grandeur de la mer d'Azov ; Hdt., IV, 86 : guère plus petite que la mer Noire (qui fait environ 3500 km de pourtour) ; Ps.-Scyl., 68 : la moitié de cette mer ; Pline, IV, 78 : 1406 milles (= 2080 km). Le nom du Méotide est attesté pour la première fois dans Eschyle, *Prom. enchaîné*, 419.

207. L'Anon., 12r 13-28, cite cinq localités entre Panticapée et Cazéca. D'après Diller (p. 103), il utilise sans doute Ménippe pour compléter Arrien et corriger les erreurs de ce dernier. Seules les distances (ici Panticapée — Théodosia) correspondent entre Arrien et l'Anonyme ; cela indique-t-il que, dans ce domaine, l'Anon. suit

Arrien, ou que le texte de Ménippe comportait les mêmes distances (sur lesquelles s'accorde aussi Pline, IV, 87 : 87 ½ milles = 700 stades; tandis que Strabon, VII, 4, 4, ne compte que 530 stades)? — Καζέκα n'est citée que par Arrien et l'Anon. (faut-il corriger en Καζέκαν? l'Anon. a deux fois le gén. Καζέκας). Il s'agirait, selon Gajdukevič, d'une petite localité dont quelques ruines se trouveraient près du cap Tasch-Katschik, non loin du village de Katschik à proximité duquel est un lac salé, ancienne baie fermée par un cordon littoral (Gajdukevič, p. 203).

208. Théodosia, auj. Feodosija (l'ancienne Kaffa), a été fondée dans la première moitié du VIᵉ s. av. J.-C. ; est-elle une fondation de Milet, comme seul Arrien (et l'Anonyme) le prétend? peut-être par l'intermédiaire de Panticapée (cf. Boardman (1), p. 49-50). Sa floraison se situe au IVᵉ av. notre ère (Gajdukevič, p. 204-205). Citée notamment par Ps.-Scyl., 68; Strab., VII, 4, 4; Pline, IV, 86; Ptol., III, 6, 2. — Ἑλλὰς πόλις : même expression en 20, 2; cf. Arrien, *Ind.*, 33, 5; *Anab.*, I, 2, 5; I, 26, 4. Voir aussi Hdt., V, 93; VII, 22 et 115, et les tragiques grecs. — πόλιν ἐρήμην pose problème. Les fouilles effectuées semblent indiquer que les localités de la région de Théodosia jusqu'à Panticapée étaient dans une situation florissante au début de l'ère chrétienne (Gajdukevič, p. 371-372). D'autre part, il est certain que Théodosia n'a pu connaître qu'une éclipse du temps d'Hadrien ou peu auparavant, car son nom réapparaît bientôt et comme celui d'une cité importante jusqu'au IVᵉ s. (cf. Gajdukevič, p. 394-395; du temps de l'Anon., 12v 1, elle s'appelle Ἀρδάβδα). À moins de supposer qu'Arrien utilise une source datant des guerres contre Mithridate et témoignant de destructions ayant eu lieu à cette époque (Appien, *Mithr.*, 108; et aussi du milieu du Iᵉʳ s. av. J.-C. : Strab., VII, 4, 6; cf. Maslennikov, p. 65-74; la mention de Théodosia par les auteurs suivants ne prouve rien, car elle est purement géographique et peut remonter à des sources anciennes : Strab., VII, 4, 4; Pline, IV, 86; Ptol., III, 6, 2; Amm. Marcell., XXXII, 8), il semble plus justifié de penser à une éclipse temporaire (l'expression πόλις ἐρήμη ne s'y oppose pas) à la suite de raids des populations barbares environnantes (Gadjukevič, p. 394-395 : Alains; Patsch, p. 74 : pirates; Rostovtseff (3), p. 60-62 : Sarmates). De tels raids ont pu avoir lieu à une époque où la présence romaine, forte sous Néron et Vespasien, s'est fait moins sentir : sous Trajan, en liaison avec les guerres de Dacie. Le témoignage d'Arrien apporterait la preuve supplémentaire d'un regain d'intérêt et annoncerait un retour à une présence plus affirmée de Rome dans cette région, où l'existence de barbares dans l'intérieur des terres est soulignée par Arrien : 19, 4-5 : Σκυθοταύρων, Ταυρικῆς (trois fois), Σκυθικόν (cf. Stadter, p. 40). Or, on sait que le successeur de Cotys dédia à Hadrien une statue portant cette inscription : ἴδιος εὐεργέτης καὶ κτίστης (cf. Latyschev, *Inscr. antiquiores orae septentrionalis Ponti Euxini Graecae et Latinae*, réimpr. Hildesheim, 1965, II, 33; *IGRR* I, 877; Nawotka, p. 337).

209. Cette localité porte un nom dans l'Anon., 12r 18; 12v 5 :

'Αθηναιών (d'après Ménippe?). Elle n'est mentionnée par aucune autre source. Elle serait à chercher sur le site de l'actuelle Soudak (Rostovtseff (3), p. 65; Müller, *GGM* I, p. 395; Baschmakoff, carte sections XVI-XVIII). — Le nom de Scythotaures est attesté pour la première fois dans Pline, IV, 85 : *iugum ipsum* (= les montagnes bordant la côte est de la Crimée) *Scythotauri tenent.* Il témoigne du mélange (à partir du IIIe s. av. J.-C.) entre les Taures, confinés par les envahisseurs scythes dans le piémont du centre de la Crimée, et les Scythes (cf. Gajdukevič, p. 303-306; sur l'existence de ces populations, passant du nomadisme à l'état d'agriculteurs sédentaires, cf. Rostovtseff (1), p. 196 et p. 529, n. 11), qui s'installèrent à partir du IIIe s. av. J.-C. dans ces régions sous la pression des nouveaux envahisseurs Sarmates. Leur principale cité est Néapolis (Strab., VII, 4, 7) : site à Kermentschick, au sud-est de Simferopol (cf. Strab., l. VII, *CUF*, éd. Baladié, p. 304-305; Gajdukevič, p. 306-308 et p. 354-355, n. 60); capitale du royaume scythotaure aux IIIe-IIe s. av. J.-C. (voir aussi Wąsowicz, p. 109, n. 3 et p. 114). Bien que, depuis l'époque de Mithridate, soumis théoriquement au royaume bosporan, les Scythotaures aient, au cours des siècles, consolidé et élargi parfois, jusqu'à Olbia, leur domaine (notamment à l'époque d'Antonin le Pieux : cf. Ptol., III, 5, 25; Denys le Périég., 306 sq.; Iul. Capitolinus, *Vita Antonii Pii*, IX, 9). La « frontière » entre le royaume bosporan et le domaine des Scythotaures passe donc, effectivement, entre Théodosia et le Port des Scythotaures selon Arrien. Le fait que ce dernier soit abandonné tout comme Théodosia semble indiquer que le raid supposé a dû être autre chose qu'un simple coup de main : luttes entre Bosporans et Scythotaures? incursion venue d'ailleurs?

210. Λαμπάς n'est attesté que dans Arrien et l'Anon., 12v 8-9. C'est auj. Malaja Lampada (Müller, *GGM* I, p. 395; Honigmann, *RE* XII (1925), col. 578, *s.v.*, n° 4), à proximité d'Alušta.

211. Anon., 12v 25. Arrien omet Κριοῦ μέτωπον, un cap souvent cité par les géographes, et mentionné par l'Anon., 12v 10. — Εὐβούλου λιμένα mentionné par l'Anon., 12v 23 (d'après Ménippe), serait une erreur pour Συμβόλου λ. (cf. Diller). Cette localité est mentionnée par Strab., VII, 4, 2; Pline, IV, 86; Ptol., III, 6, 2. C'est auj. la baie de Balaklava; cf. Danoff, col. 1045; Oberhummer, *RE* IV A (1931), col. 1091, *s.v.*, n° 2.

212. Anon., 12v 26. Méla, II, 3 : *Chersonesus, a Diana, si creditur, conditum, et nymphaeo specu quod in arce eius nymphis sacratum est maxime inlustre.* Pline, IV, 85; Strab., VII, 4, 2.3 et 7; Ptol., III, 6, 2. Cette importante cité, fondation mégarienne (422-421 av. J.-C.; cf. Danoff, col. 1106) par l'intermédiaire d'Héraclée du Pont, a laissé des vestiges près de Sébastopol, non loin du village de Gurtschi. Cf. Boardman (1), p. 44; Gorbunova, p. 51-53.

213. Anon., 13r 1 (appelé aussi Κορονῖτις). Le site fouillé près d'Eupatoria (Boardman (1), p. 44) correspondrait à la Kerkinitis d'Arrien, mais pas à celle ainsi nommée par la plupart des Anciens :

Hécat. de Milet, *FGrH* 1, F. 184 (= Steph. Byz., *s.v.* Καρκινῖτις ·
πόλις Σκυθική; Hdt., IV, 55.99. Strabon, VII, 3, 18 et 19 et VII, 4, 5.
ne mentionne que le golfe de Karkinitis (auj. le Karkinitskij Zaliv, au
nord-ouest de la Crimée), lequel doit son nom à la ville de Karkinitis,
celle d'Hdt., de Pline, IV, 84 (Karkine), de Méla, II, 4 (baie et ville de
Carcine), de Ptol., III, 5, 2 (fleuve Karkinites, à côté de Tamyrakè).
Cette Karkinitis serait la localité de Kalančak entre l'isthme de
Pérékop et la pointe de la presqu'île de Tendra (cf. Danoff,
col. 1117). Y a-t-il eu deux Karkinitis? ou bien Arrien fait-il une
confusion (ce ne serait pas la seule; voir la suite du texte)? Les
vestiges d'Eupatoria représenteraient alors une autre cité sans nom
connu (cf. discussion dans Müller, *GGM* I, p. 395-396).

214. Anon., 13r 7 (d'après Ménippe). Pour Méla, II, 3, cf. éd.
CUF, p. 164, n. 3; le nom est restitué dans Strab., VII, 4, 2 (éd.
Baladié, p. 104; mais il ne figure pas dans le lexique des noms de
lieux), d'après Latyschev; on le trouve dans Ptol., III, 5, 2 (au
voisinage de Tamyrakè). Kalos limen serait donc à chercher, à l'entrée
sud de la Karkinitskij Zaliv, sur le site de Tchernomorskoïe (à 64 km
au nord d'Eupatoria). Cf. Danoff, col. 1117; Boardman (1), p. 44.

215. Anon., 13r 12 (d'après Ménippe); Strab., VII, 3, 18 (autre
nom du golfe Karkinitis); VII, 3, 19 : nom de l'actuelle presqu'île de
Džaryilgač qui fait suite, à l'est, à la presqu'île de Tendra (orientée
dans la direction d'Odessa). Cf. Danoff, col. 1117; Herrmann, *RE* IV
A (1931), col. 2152, *s.v.* La meilleure description est donnée par
Strab., *loc. cit.*; cf. aussi Ptol., III, 5, 2; Steph. Byz., *s.v.* πόλις
Σαρματίας τῆς ἐν Εὐρώπῃ; Tzetzès, *Lycophr.*, 192. Mais s'agit-il, dans
Arrien, de la presqu'île ou de la localité mentionnée par Steph. Byz.?
La lagune en question doit être, comme le pense Müller (*GGM* I,
p. 396), l'étroite baie comprise entre la presqu'île de Tamyrakè et la
terre ferme et appelée auj. Džaryilgačskij Zaliv. — Dans la suite de la
description Arrien semble étonnamment mal informé sur cette région,
qu'il se contente d'ailleurs de décrire rapidement. La presqu'île de
Tendra, où l'on situe traditionnellement la « Course d'Achille »
(Danoff, col. 907, l. 31 sq.), qu'il confond avec l'île de Leuke ou « île
d'Achille » (cf. 21, 1; de même Anon., 14r 16, lequel, cependant,
situe correctement la Course d'Achille en 13r 10-29, peut-être d'après
Ménippe), peut toutefois être mentionnée sous la forme ἠϊόνας (cf.
n. 217). — La distance de Port Kalos à Tamyrakè doit s'entendre
pour une navigation en ligne droite.

216. Trois cents stades sont à peu près la longueur de la presqu'île
de Tamyrakè. Le débouché de la « lagune » est à l'est sur les cartes
modernes. Faut-il supposer une erreur d'Arrien (utilisant un Périple
décrivant les côtes en sens inverse)? Le littoral de ces régions a assez
profondément changé depuis l'Antiquité; il est difficile de s'en
représenter exactement la configuration. Cf. Müller, *GGM* I, p. 596.

Page 18.

218. Le Borysthène est le Dniepr. La distance donnée par Arrien correspond, en gros, à celle qui sépare la pointe ouest de la presqu'île de Tendra de l'estuaire du Dniepr.

219. Olbia : vestiges près de Parutino, au sud de Nikolaïev. Située en fait sur la rive droite du liman du Bug, l'Hypanis des Anciens (cf. Dion Chrys., *Or.*, XXXVI, 1, p. 437), et non sur le Dniepr, bien qu'elle soit aussi appelée Borysthénis (cf. Méla, II, 6 et n. 4, p. 168, *CUF*; même confusion dans Strab., VII, 3, 17; Pline, IV, 82; Amm. Marcell., XXII, 8, 39; erreur remontant déjà à Hdt., IV, 18). Olbia, la « prospère », connut une période de déclin entre le IIe s. av. J.-C. et le Ier s. de notre ère, après quoi elle ne retrouva qu'une partie de sa prospérité d'antan. Cela explique peut-être la place modeste qu'elle occupe dans le *Périple* d'Arrien. Cf. Wąsowicz, p. 109, 119-120, 125-126; Minns, *JHS* 65, 1945, p. 109-112; Boardman (1), p. 42-43; Gorbunova, p. 50.

220. Ile anonyme aussi chez Strab., VII, 3, 17 (qui y mentionne un port) et 19, dans Ptol., III, 10, 9 et l'Anon., 13v 16. Appelée *Leuce* ou Ile d'Achille dans Méla, II, 98 (cf. *CUF*, n. 1, p. 166-167) et Pline, IV, 83 et 93 (cf. n. 226). Cette île est l'îlot de Berezan : cf. Tomaschek, *RE* III (1899), col. 739, *s.v.* « Borysthenes »; Agbunov (2), p. 132-135. Une inscription en l'honneur d'Achille, datant de la deuxième moitié du Ier s. ap. J.-C., y a été trouvée (cf. A. Boltunova, *L'épigraphie en URSS*, in *Klio* 51 (1969), p. 301), témoignant que cet îlot devint alors sans doute le centre d'un culte à Achille *Pontarches* (Wąsowicz, p. 124-125 et n. 3; Boardman (1), p. 49).

221. Anon., 13v 20; Pline, IV, 82 (*Ordesos*); Ptol., III, 5, 14 (Ὀρδησσός). Site fouillé sur la rive gauche du Tiligul (l'Axiakès des Anciens), à la sortie du liman du Dniepr, à 28 km environ à l'ouest d'Očakov. Cf. Diehle, *RE* XVII (1936), col. 1885, n° 2, *s.v.*; Danoff, col. 1043; Boardman (1), p. 42; Agbunov (2), p. 130-135. — L'Anon., *loc. cit.*, beaucoup plus riche qu'Arrien pour cette partie de la description, cite, entre Odessos et Istrianôn limen : Σκόπελοι χωρίον. Cette Odessos ne doit pas être confondue avec une autre, plus au sud, près de Varna (Arrien, 24, 4; cf. n. 252).

222. Dans l'Anon., 13v 20 seulement. Probable fondation d'Istria, cette localité a été située près de Kujalnik (Danoff, col. 1116), ou bien sur le site de Luzanovka (Agbunov (2), p. 136-137).

223. Seulement dans l'Anon., 13v 22 : Ἰακὼ λιμήν; site, selon Agbunov ((2), p. 137-138), occupé par le boulevard Primorsky à Odessa (rapport avec le *sinus Sangarius* de Pline, IV, 82?, cf. Müller, *GGM* I, p. 596, n. 4). — Ces deux dernières localités ne sont pas sans rappeler un passage de Méla, II, 7 : *Asiaces proximus inter Callipidas Asiacasque descendit. Hos ab Histricis Tyras separat* (cf. Méla, *CUF*, p. 168, n. 7-8). — L'Anon., 13v 24-14r 11, compte six étapes de Ἰακὼ λιμήν à la première bouche de l'Ister (même distance totale que dans Arrien).

224. L'expression ἔρημα καὶ ἀνώνυμα rappelle Strab., VII, 3, 14 : ἡ τῶν Γετῶν ἐρημία. On s'est étonné, à juste titre, qu'Arrien ne cite pas même Tyras (sur le Dniestr), qui connaissait depuis le Ier s. ap. J.-C. un retour de prospérité (cf. Rostovtseff (3), p. 64 et (1), p. 530, n. 11 ; Wąsowicz, p. 119 ; Minns, p. 445, 449 ; Diehl, *RE* VII 2A (1943), col. 1850-1853, *s.v.* « *Tyras* (2) »). Plutôt que de supposer, comme Stadter (p. 206, n. 27), une lacune dans un texte corrompu, on peut penser avec Rostovtseff que la documentation d'Arrien, très superficielle depuis l'ouest de la Crimée, s'appuie sur une description écrite (un Périple, un Portulan) rapide, ou trop rapidement consultée, et/ou sur de vagues témoignages oraux (voir aussi Roos (1), p. 3). Si la source d'Arrien, pour cette partie, est ancienne (Ier s. av. J.-C.), elle peut avoir omis Tyras qui, comme Olbia, connaissait alors de graves difficultés (Wąsowicz, p. 111 ; cf. n. 219). Dion Chrys., *Or.*, XXXVI, 1, écrit à propos d'Olbia et de la côte ouest du Pont : εἶλον δὲ καὶ ταύτην Γέται καὶ τὰς ἄλλας τὰς ἐν τοῖς ἀριστεροῖς τοῦ Πόντου πόλεις μέχρι Ἀπολλωνίας, ὅθεν δὴ καὶ σφόδρα ταπεινὰ τὰ πράγματα κατέστη τῶν ταύτῃ Ἑλλήνων, τῶν μὲν οὐκέτι συνοικισθεισῶν πόλεων, τῶν δὲ φαύλως καὶ τῶν πλείστων βαρβάρων εἰς αὐτὰς συρρυέντων. Il est à noter que Strabon, VII, 3, 16, ne cite la ville de Tyras que sous son ancien nom grec : Ophioussa, et sans commentaire. — Psilon est le nom de la première des cinq bouches distinguées par Arrien. Leur nombre varie selon les auteurs : 7 dans Strab., VII, 3, 15 ; Méla, II, 8 ; Ov., *Trist.*, II, 189 ; Stace, *Silu.*, V, 2, 137 ; Val. Flacc., *Argon.*, IV, 718 ; VIII, 187 ; Tac., *Germ.*, I ; Amm. Marcell., XXI, 8, 44 ; Ptol., III, 10, 2 ; 6 dans : Pline, IV, 79 ; 5 dans une tradition plus ancienne : Hdt., IV, 47 ; Éphore (= Strab., VII, 3, 15) ; Ps.-Scymn., 775 ; Arrien, dans *Anab.*, I, 3, 2, et *Ind.*, II, 15. Ce détail confirme que, pour cette partie de la description, Arrien doit s'inspirer d'une source ancienne. Le nom grec de Psilon stoma est donné par Pline (*loc. cit.*) comme étant celui de la plus septentrionale des bouches de l'Ister ; de même Ptol., *loc. cit.* La configuration du delta ayant beaucoup changé, il est malaisé d'identifier chacune des bouches : Treidler, *RE* XXIII (1959), col. 1400-1404, *s.v.* Ψιλόν, propose de l'identifier à l'actuel Braçul Chilia. Voir N. Panin, *A new Attempt at identifying the Danube Mouths as described by the Ancients*, in *Dacia*, N.S. 27, n° 1-2, 1983, p. 175-184.

225. Cf. n. 21.

226. La plupart des Anciens distinguent Leuke (l'île Blanche ou Brillante, par allusion à Achille : Pind., *Nem.*, IV, 49 : φαεννὰν Ἀχιλεὺς νᾶσον), ou Ile d'Achille, de la Course d'Achille (ou Carrière d'Achille). La première fut assimilée, sous l'influence des premiers colons milésiens, d'abord à l'îlot de Phidonisi (auf. Zmejnyj en russe, Serpilor en roumain), ou « Ile aux serpents », en face de l'embouchure du Danube ; secondairement, étant donné l'importance prise par Olbia, elle fut assimilée à l'îlot de Berezan (cf. n. 220). Peu de vestiges ont été découverts à Phidonisi (deux inscriptions : une dédicace en l'honneur d'Achille, *IOS PE* I², 326 ; une inscription en

faveur d'un habitant d'Olbia qui aurait débarrassé l'île de ses pirates :
IOS PE I², 325; cf. L. Robert, *Hellenica* XI-XII, p. 274); cf.
Gorbunova, p. 49. Peu également sur l'îlot de Berezan, où pourtant
les Anciens prétendaient que se trouvait un temple dédié à Achille :
Dion Chrys., *Or.*, XXXVI, 9; Pline, IV, 83 (d'après Agrippa); Méla,
II, 98 (tombeau d'Achille). Ce qui est certain c'est qu'un culte était
rendu à Achille Ποντάρχης (= Maître du Pont »), à Olbia (cf.
Latyschev, *IOS PE* I², 77-83 et N. Ehrhardt, *Milet und seine
Kolonien*², p. 179-180. Ce nom, toutefois, n'est connu que par des
inscriptions des iie et iiie s. ap. J.-C. (*CIG* II, 2076.2077.2080; rééd.
par Dzikowski, in *JHS* 59 (1939), p. 84 sq.), le culte existant dans le
Pont depuis au moins le ive s. av. J.-C. (cf. *IOS PE* I², 172.326.327).
Quant à la légende pontique d'Achille, elle remonte au moins au
viiie s. (Arctinos, Ibycos, Simonide : schol. à Apoll. Rhod., IV, 814;
voir aussi Alcée, frg. 48 Bgk = 14 D). Sur ce qui précède, cf. Diehl,
col. 3, et H. Hommel « *Achilles the God* » (résumé en anglais d'un
art. en russe, in *VDI* 155 (1981), p. 53-76). — Si Arrien ne fait pas
une confusion, sa mention de la Course d'Achille assimilée à Leuke
n'est pas sans exemples dans les textes antérieurs (que cette Leuke
soit Phidonisi ou Berezan) : Eur., *Iph. Taur.*, 435-438; *Frg. Tr. Gr.
adesp.* 202; Lycophron, 193-194 (et schol. au même, 186); schol. à
Pind., *Nem.*, IV, 79; schol. à Ov., *Ib.* 329; Anon., 14r 15 (d'après
Arrien). [Une tradition plus récente situe la Course d'Achille dans la
partie asiatique du Bosphore cimmérien : Amm. Marcell., XXII, 8,
41; Prisc., *Perieg.*, 297]. Voir Diehl, col. 7, l. 52 sq. — Leuke fut
d'abord l'île des Bienheureux (Pline, IV, 93; Avien., *Descript. orbis*,
722; cf. Wachsmuth, p. 209-210), dans une mer elle-même considérée
comme le siège du royaume des morts (Eschyle, *Suppl.*, 157; cf.
Danoff, col. 953). La peur qu'elle inspirait (Ératosthène, Frg. I B 8
Berger), l'idée qu'elle était un second Océan à la limite du monde
(Strab., I, 2, 10) y sont sans doute pour quelque chose (cf.
Wachsmuth, p. 214-215, et Burr, p. 34). À l'entrée de cette mer se
trouvent les Κυάνεαι πέτραι (Hdt., IV, 85) ou Symplégades, appelées
encore Ὄρχου πύλαι (Schol. à Théocrite, XIII, 22). Le culte d'Achille
s'installant à Leuke, l'île abrita le tombeau de celui-ci (Pline, IV, 83;
X, 78), et devint le lieu où son âme repose ainsi que celle d'autres
héros (Pind., *Ol.*, II, 87; Eur., *Andr.*, 1260; Denys le Périég., 545;
Philostrate, *Her.*, XIX, 16 sq.). C'est à la demande de Thétis (sur ses
liens, ainsi que ceux d'Achille, avec l'élément marin, cf. Bury, *Cl.
Rev.*, 13 (1899), p. 307) que Poséidon fait sortir Leuke de la mer pour
en faire un havre pour les marins (Philost., *Her.*, XX, 32-40). Le
ξόανον cultuel est mentionné aussi par Pausanias, III, 19, 11;
Philostr., *loc. cit.*, l'Anon., 14r 26. — Sur l'emploi par Arrien de
ἐργασία : cf. *Pér.*, 1, 3; *Anab.*, VI, 29, 6.

227. Sur tout ce passage, cf. Anon., 14r 24-29. Inhabitée (Amm.
Marcell., XXII, 8, 35), Leuke est un véritable « autel flottant »
(Wachsmuth, p. 410) dédié à Achille (cf. Maxime de Tyr., 9, 7,
p. 109, l. 11 sq. Hobein; Philostr., *Her.*, XX, 31 sq.). Elle est l'objet

de tabous religieux et de superstitions dus à son rôle de refuge sacré pour les marins ; la suite du texte en donne quelques exemples (21, 2-23, 3). Quiconque y aborde doit laisser une offrande ou faire un sacrifice (Max. de Tyr, *loc. cit.*, l. 13 sq.). Sur les animaux qui se présentent eux-mêmes au sacrifice (Arrien, 22, 4), cf. I. Tolstoi, « *Un miracle d'Achille dans l'Ile Blanche* », *RA* 26 (1927), p. 201 sq.

Page 19.

230. Sur les oiseaux et le service du temple : Philostr., *Her.*, XX, 24-28 et 36. Selon Pline, ces oiseaux (des puffins : cf. D'Arcy W. Thompson, *A Glossary of Greek Birds*, 2e éd., Oxford, 1936, p. 173) ne survolent jamais le temple (X, 78 ; voir aussi : Antig. Caryst., 122 Giannini) ; Solin, 19 ; Élien, *N.A.*, XI, 1 (cygnes qui, en provenance des monts Rhiphées, se posent à Leuke). Cf. Danoff, col. 987-988 ; R. Holland, *Herdenvögel. in der griechischen Mythologie*, in *Abhdl. z. d. Jahresber. d. Thomasgymn. Leipzig*, 1895, p. 5-12 (cité par Wachsmuth, p. 414) ; M. Detienne-J.-P. Vernant. *La Corneille de mer*, dans *Les ruses de l'intelligence, la Mètis des Grecs*, Paris (1974), p. 203-210. — οἱ δὲ à la place d'un démonstratif : Xén., *Anab.*, III, 1, 9 ; en particulier chez les tragiques : Eschyle, *Eum.*, 174 ; *Suppl.*, 1048 ; Soph., *O.R.*, 1113. Cet emploi est à distinguer de 22, 1 : οἱ δὲ καί, qui répond à οἱ μὲν... οἱ δὲ... de 21, 1 (voir Schwyzer-Debrunner, II (Synt.), p. 208).

231. ἀφιέναι : « laisser libre » en parlant d'animaux consacrés (cf. ἄφετος : « qu'on laisse paître en liberté »), d'où « consacrer » ; Xén., *Cyn.*, 5, 14 ; Plat., *Crit.*, 116 c (pour ἄφετος : Eschyle, *Pr.*, 666 ; Plat., *Crit.*, 119 d ; *Prot.*, 320 a ; Eur., *Ion*, 822 ; Plut., *M.*, 768 a).

232. Si personne n'habite l'île (Philostr., *Her.*, XX ; sauf l'oracle : Arrien, 22, 3), celle-ci accueille dans la journée les navigateurs, en particulier ceux qui y cherchent refuge (Philostr., *Her.*, XX, 23-27) ; il est interdit toutefois d'y passer la nuit (Philostr., *Her.*, XX, 27 ; Amm. Marcell., XXII, 8, 35) ; les femmes n'y peuvent aborder (Philostr., *Her.*, p. 215, 20). — ἐπὶ τῶν ἱερείων : l'emploi du gén. après ἐπὶ « sur/au sujet de » n'est pas sans ex. ; cf. Schwyzer, II, 1, 2, p. 470.

233. Cet oracle s'apparente par son rôle aux mystérieuses *Gallizenae* (Méla, III, 48) de l'île de Sena. La scène ici racontée rappelle le troc « à la muette » pratiqué par certaines peuplades (Hdt., IV, 196 ; Méla, III, 60 ; Pline, VI, 88).

234. Cf. n. 227.

235. Achille est aussi, aux abords de l'île, une sorte de « pilote divin » (« göttlicher Lotse » ; Wachsmuth, p. 460-461). Voir aussi Philostr., *Her.*, XX, 23-27.

236. Sur ce rôle dévolu à Achille de θεὸς πόμπιμος, cf. Wachsmuth, p. 158-159 et n. 320. Même ex. dans Stace, *Silu.*, III, 2, 9 sq. Les Dioscures apparaissent presque toujours au sommet du mât ou

sur la vergue (en rapport avec le phénomène du Feu Saint-Elme) : cf.
R. Gilg-Ludwig, « *Elmsfeuer* », in : *Das Altertum* 6, 1960, p. 88-92.

237. Un culte particulier était rendu aux Dioscures dans les cités
grecques de l'Hellespont et de la côte ouest du Pont-Euxin, en
particulier à Tomi (cf. J. Babelon, « *Les Dioscures à Tomi* », in :
Mélanges Ch. Picard 1, 1949, p. 24 et 32 ; Kern, *RE* X, col. 1444 ;
Wachsmuth, p. 420-421).

238. Cette apparition est-elle conforme à la tradition légendaire ?
elle paraît plutôt destinée à appuyer le raisonnement qui suit.

Page 20.

239. ἀκοὴν ἀνέγραψα : cf. Arrien, *Ind.*, 5, 1 ; 15, 7. Arrien n'aurait
donc pas eu recours à une source écrite ? (il est probable qu'une telle
source a existé, à laquelle, entre autres, Philostrate a puisé). Καί μοι
δοκεῖ οὐκ ἄπιστα εἶναι n'est qu'une habile transition pour amener
l'allusion flagorneuse qui clôt cette évocation.

240. Ce thème de l'amitié d'Achille pour Patrocle se retrouve dans
l'*Anabase* d'Arrien, I, 12, 1-5 (cf. Plat., *Symp.*, 180 A : ἐτόλμησεν
ἐλέσθαι βοηθήσας τῷ ἐραστῇ Πατρόκλῳ καὶ τιμωρήσας οὐ μόνον
ὑπεραποθανεῖν ἀλλὰ καὶ ἐπαποθανεῖν. Cf. aussi Eschyle, *Myrm.*,
frg. 76 Mette). Or, la même amitié liait Hadrien à Antinoüs, mort en
130. Le Périple d'Arrien es. écrit à un moment où l'Empereur
s'emploie à instituer un culte à Antinoüs (cf. *SHA Hadr.*, 14, 5-7 ;
D.C. LXIX, 11 ; Amm. Marcell., XXII, 16, 2), des Jeux en son
honneur, fonde Antinoupolis, érige partout des statues à sa mémoire
(*D.C., ibid.*). Cette entreprise d'héroïsation et presque de déification
de ce nouveau Patrocle (cf. Justin, *Apol.*, 29, 4 ; voir là-dessus
Henderson, p. 13-14) rend évidente l'allusion d'Arrien (cf. Stadter,
p. 39 ; Tonnet, p. 87-88), « référence transposée au chagrin d'Hadrien
à la mort d'Antinoüs » (Tonnet, *ibid.*, cf. K. Hartmann, *Flauius
Arrianus und Kaiser Hadrian*, in : *Progr. z. d. Jahresb. d. K. h.
Gymnas. bei S^kt Anna in Augsburg*, Augsburg, 1907, p. 23) :
Antinoum suum... perdidit quem muliebriter fleuit (*SHA, Hadr.*, 14,
5). H. Tonnet (*ibid.*) observe que c'est surtout « dans les rapprochements qu'Arrien fait entre Alexandre et Achille qu'il se souvient
d'Homère. Ainsi il a, à plusieurs reprises, rappelé qu'Achille et
Alexandre auraient préféré mourir avant leur ami plutôt que d'être les
vengeurs de leur mort » (*Anab.*, VII, 16, 8, à comparer avec Hom.,
Il., XIX, 328). À cette héroïsation de l'Empereur et de son éromène
(un Bithynien comme Arrien), ainsi qu'à un possible parallèle entre
Hadrien et Alexandre, s'ajoute aussi, pour le thuriféraire, une allusion
directe à son illustre modèle, Xénophon, allusion qui n'a pas dû
échapper à l'Empereur ; Xénophon, en effet, écrit (*Banquet*, VIII,
31) : καὶ Ἀχιλλεὺς Ὁμήρῳ πεποίηται οὐχ ὡς παιδικοῖς Πατρόκλῳ,
ἀλλ' ὡς ἑταίρῳ ἀποθανόντι εὐπρεπέστατα τιμωρῆσαι (cité par Reuss,
p. 375).

241. Malgré ce qu'affirme Strab., VII, 3, 13 (le cours supérieur du

fleuve est appelé Danube, son cours inférieur Istros; cf. aussi Méla, II, 8), *Danuuius*, attesté pour la première fois dans César (*B.G.*, VI, 25), a fini par s'employer, comme Istros, pour désigner tout le fleuve (cf. déjà Méla, II, 79).

242. Cf. Anon., 14v 5. Cette bouche précède le Καλόν, 4e bouche pour Pline, IV, 79 et Ptol., III, 10, 2. Il s'agirait donc, si l'on suit ces deux auteurs, soit du Borion (2e), soit du Pseudostomon (3e). Amm. Marcell., XXII, 8, 44-45, cite, du sud au nord, sept bouches : *Peuce, Naracustoma, Calostoma, Pseudostoma, Borionstoma, Stenostoma, Septimum ingens et palustri specie nigrum*. La deuxième bouche citée par Arrien pourrait être aussi le *Stenostoma* d'Amm. Marcell. Ces hésitations s'expliquent par la difficulté de distinguer les bras du Danube dans un estuaire marécageux (les cartes actuelles ne distinguent que trois bras importants : Kilia, Sulim, St Georges). Ce n'est qu'à partir d'Auguste (29 av. J.-C. : installation des Romains sur le bas-Danube; 15 av. J.-C. : création de la Province de Mésie) que le delta a été mieux connu. Cf. n. 224, *in fine*.

243. Cf. n. 242 et 244. L'Anon., 14v 7, porte : τὸν Ἄρακον... στόμιον (mélecture d'Arrien selon Diller); cf. Apoll. Rhod., IV, 312 : Ἄρηκος ou Νάρηκος (καλέουσι Νάρηκος : Livrea et Vian).

244. De même : Arrien, *Anab.*, I, 3; *Ind.*, IV, 15. Cette 5e bouche est appelée Ἱερόν par l'Anon., 14v 9-10; cf. Strab., VII, 1, 1; appelée aussi *Peuces* par Pline, *loc. cit.*; Ptol., *loc. cit.*; Amm. Marcell., *loc. cit.* C'est auj. le bras St Georges.

245. Cette ville et les suivantes sont d'anciennes fondations grecques (cf. Strab., VII, 6, 1; Méla, II, 22; Pline, IV, 44-45; etc.). Pour Istria (auj. Istere), appelée aussi Ἴστρος (Strab., VII, 5, 12), cf. Steph. Byz., *s.v.* Ἴστρος · Ἀρριανὸς δὲ Ἰστρίαν ὡς Ὀλβίαν αὐτήν φησι (Hdt., II, 33, déjà); appelée encore *Istropolis* (Méla, II, 22; Pline, IV, 44). Pour les villes au sud du Danube, voir Danoff, col. 1066-1090. Sur la ville d'Istria : Boardman (1), p. 37-39 et, du même (2), p. 247-249.

246. Sur le site de l'actuelle Constanţa; cf. Boardman (1), p. 35. La forme Τόμις est bien attestée : Strab., VII, 5, 12; St. Byz., *s.v.*; *Inscr. Gr. ad res Rom. pert.* I 602.608.613. On trouve aussi les formes Τόμοι : Ptol., III, 10, 3; lat. : *Tomoe* : Méla, II, 22; *Tomi* : Pline, IV, 44. Anon., 15r 5-6 : ἀπὸ Τομέων; Τομεα sur le bouclier de Doura-Europos. Les formes d'acc. données par les *mss* : Τομέας (P), Τομέαν (p) en 24, 2 et celles de gén. Τομέας (P), Τομέων (p) semblent tirées de Τομέα, -ας (non attestées par ailleurs), ou de Τομεῖς (ou Τόμεα) gén. : Τομέων.

247. Callatis est auj. Mangalia. Sur le site, cf. Boardman (1), p. 35. Si Istros et Tomis ne sont plus, au début de l'ère chrétienne, que de petites cités (cf. Strab., VII, 6, 1 : πολίχνιον), Strabon (*ibid.*) qualifie Callatis de πόλις; son importance s'explique peut-être, en partie du moins, par son mouillage (cf. aussi Anon., 15r 6-7).

248. Anon., 15r 11 (d'après Arrien); cf. Méla, II, 22 (*Portus Caria*). Site occupé par le bourg de Šabla, entre Ekrene et Dišpudak

(Danoff, col. 1041). Les navigateurs cariens ont certainement fréquenté, avant les Grecs, les eaux de la mer Noire (cf. Pline, VI, 20, qui les évoque dans la région du Bosphore Cimmérien, et Porphyre, *FHG* III, 710, à propos de Seleucos Callinicos : *Attalum in Thraciam usque fugiens, post pugnam in Caria patratam, uita excessit*). Voir Delev, p. 15, et Vulić, *RE* X (1917), *s.v.* Καρῶν λιμήν.

249. Anon., 15r 14; Strab., VII, 6, 1 (Τίριζις); Méla, II, 22 (*Tiristis*); Ptol., III, 10, 3; *Tab. Peut.*, VIII, 4 (*Trissa*); Rav., IV, 6, 181.13. C'est auj. le cap Kaliakra, à l'est de Balčik. Danoff, col. 1046; Delev, p. 18.

250. Pline, IV, 44 : *Bizonen terrae hiatu raptam*; cf. aussi Méla, II, 22; Strab., VII, 6, 1 : la cité (vestiges sur le promontoire Čarakman, près de Kavarna) était située sur une falaise calcaire (cf. Strab., I, 33, 10) qui s'écroula à la suite d'un tremblement de terre, vers 50 av. J.-C. (voir Baladié, Strab., l. VII, *CUF*, p. 217). La ville fut reconstruite plus tard à quelque distance : Anon., 15r 16-17 (πολίχνιον ἐν ᾧ σάλος). Dans cette partie de sa description, Arrien, sans doute à partir d'une source écrite, se contente d'une sèche énumération à la manière des Périples traditionnels : pas de notice historique; pas d'explications superflues (Bizone est un χῶρος ἔρημος); mention des lieux de mouillage. Sur Bizone, cf. Danoff, col. 1039 et 1078 sq.

Page 21.

258. L'expression s'oppose à ἐν δεξιᾷ (12, 3); elle est caractéristi-que d'un Périple (cf. n. 98). — La « Scythie » désigne ici la « Scythie mineure » (Strab., VII, 4, 5; 5, 12), plus particulièrement celle qui s'étend du Bosphore thrace aux Bouches du Danube (Strab., VII, 5, 12), séparée du reste de la Scythie par le « désert des Gètes », qu'Arrien désigne comme des lieux ἔρημα καὶ ἀνώνυμα (20, 3). La Scythie mineure comptait des noyaux de populations scythes noyées dans un ensemble thrace. Cf. Kretschmer, *RE* II A (1921), col. 946, *s.v.* « *Scythia minor* », et Rostovtseff (3), p. 33.

259. Anon., 15v 27. Non cité par d'autres auteurs. Le long de la côte bulgare ont été trouvées, dans l'eau, des barres de plomb (« lead stocks »), dont l'une porte le nom de *Chersonesos*, qu'il faudrait situer tout près d'Apollonie (cf. B. Dimitrov, « *Anchors from the ancient Port of Sozopol* », in : *I.J.N.A.* 6 (1977), p. 156-163). Selon Müller, *GGM* I, p. 400 : se trouverait entre le cap Baglar Altoun et le cap Zeitan.

260. Figure seulement dans l'Anonyme, 15v 29 : τὸ λεγόμενον Θήρας χωρίον. Sur les rapprochements proposés (et peu convain-cants), cf. Müller, p. 401, n. 1, qui propose Ahtopol. Voir encore Danoff, col. 1038, et le commentaire de Müller à l'éd. de Ptol., III, 11, 3, p. 473-474.

261. Méla, II, 23; Ps.-Scymn., 728 (*GGM* I, p. 225); Strab., VII, 6, 1; Anon., 16r 1; Ptol., III, 11, 3. Pline, IV, 45, ne connaît qu'une

ville de ce nom. Ce cap est aujourd'hui le cap Igñeada, abritant une ville du même nom. Cf. Oberhummer, *RE* VI A (1936), col. 717-718, 1/, *s.v.* « *Thynias* ».

262. Hdt., IV, 93 ; Méla, II, 23 ; Pline, IV, 45 ; Strab., VII, 6, 1 ; Ptol., III, 11, 3 ; etc. Localité pour Méla et Pline, Salmydessos désigne dans Strabon une portion de côte au sud du cap Igñeada. Il en est de même pour Ptolémée (Σ. αἰγιαλός), pour Arrien (χωρίον) et l'Anon., 16r 5. La côte, au voisinage de Midye, est rectiligne, offre peu d'abris pour les navires et est redoutable pour ses hauts-fonds (Strab., I, 3, 4). Cf. Danoff, col. 1044. — Sur tout ce passage, voir Xén., *Anab.*, VII, 5, 12-13. Sur la piraterie dans le Pont : Strab., XI, 2, 12 (Hénioques) ; Ov., *Pont.*, IV, 10, 25-30 (Hénioques sur les côtes de Mésie). Sur l'activité des naufrageurs dans cette région, cf. Baladié, éd. de Strab., l. VII, *CUF*, p. 218, n. 1, et Starr, p. 126.

263. Anon., 16r 17-19 : εἰς Φρυγίαν τὴν καὶ λεγομένην Φιλίαν [...]. Ἀπὸ δὲ Φρυγίας τῆς Φιλέας... Cf. Méla, II, 23, qui cite côte à côte : *Philiae* et *Phinopolis*. Ps.-Scymn., 723 (*GGM* I, p. 724) : Φιλία. Pline, IV, 45 ; Strab., VII, 6, 1 ; Ptol., III, 11, 3, ne mentionnent que Phinopolis (identique à Philia selon Müller, *GGM* I, p. 475). Selon St. Byz., *s.v.* Φιλέας, on appellerait aussi cette localité Φινέας. Ptol., *ibid.*, connaît Φιλία ἄκρα, entre Salmydessos et Phinopolis, qui est certainement le cap Kara burun, près du lac Terkos qui a donné son nom à la ville actuelle, ancienne *Deuelcos* : Pline, *ibid.*, « *Deuelcon* (*cum stagno...*) » (cf. L. Robert, *Hellenica* 10, p. 41, n. 6). Or, ce lac était aussi connu sous le nom de *Phileas* (cf. Zosime, I, 34, 2). Phrygia et Deuelcos devaient se trouver sur les bords du lac Terkos, considéré comme « une fausse bouche du Pont » (L. Robert, *RPh*, 1959, p. 195-196, cité par Baladié, *op. cit.*, p. 315).

264. Appelées aussi Symplégades : Hdt., IV, 85 ; Méla, II, 99 ; Strab., I, 2, 10 ; Pline, IV, 92 ; Ptol., V, 1, 3 ; etc. Ces îles flottantes, en s'entrechoquant, fracassaient les navires qui passaient entre elles. Mais elles restèrent immobiles lors du passage du navire Argô (Apoll. Rhod., II, 318). Il s'agit de deux îlots : Öreke Kayalari. Cf. Fr. Vian, p. 93.

265. Cf. n. 96. On remarque qu'Arrien repasse sur la côte asiatique du Bosphore (Zeus Ourios, Daphnè) avant de revenir en Europe (Byzance). En face du sanctuaire de Zeus se trouvait le Ἱερὸν τὸ Βυζαντίων (Strab., VII, 6, 1 ; Polybe, IV, 39, 6 ; Denys de Byz., 75, 92-93). Cf. Vian, *ibid.*

266. Littéralement « Laurier de la Folie ». Cf. Anon., 16r 26-27 ; voir aussi St. Byz., *s.v.* Δάφνη · ἔστι καὶ λιμὴν Δάφνη μαινομένη ἐν τῷ στόματι τοῦ Πόντου ἐν δεξιᾷ ἀναπλέοντι, et Eustathe, *Comm. à Den. le Périég.*, 916, *GGM* II, p. 379. Apollodore (*Pontiques, F.gr.H.* 803, F 1) ainsi qu'Androtas de Ténédos (schol. à Apoll. Rhod., II, 159-160 = *FHG*, IV, p. 304) situent *Daphnè la Furieuse* à 5 stades du Nymphaion de Chalcédoine (l'actuelle Kadiköy : voir Méla, I, 101 et le comment., p. 149, n. 2, éd. *CUF*). Voir Fr. Vian, p. 99 et n. 45, 46.

— Sur les différentes applications par les Anciens de Μαινόμενος ou de *Insanus* en géographie, cf. M. Gras, en particulier p. 358-361 et 364-366. Sur les effets psycho-somatiques du laurier, cf. Pline, XVI, 88, 1 (pour le rôle du laurier dans la « mise en condition » de la Pythie, à Delphes, cf. P. Amandry, *La mantique apollinienne à Delphes*, Paris, 1950, p. 126-134). Il est évident qu'en ce lieu-ci le laurier est en rapport avec les Argonautes. Selon Fr. Vian (p. 99), de vieilles traditions locales faisaient intervenir un « laurier maléfique », lequel figure sur une ciste du IVᵉ s. av. J.-C. (T. Dohrn, *Die Ficoronische Ciste*, Berlin, 1972) ; elles furent utilisées par Apoll. Rhod., II, 159-160 et 166, mais sans que celui-ci les rattache « à aucun *aition* » (Vian, *ibid.*). On remarquera cependant que, sur la côte européenne du Bosphore, Médée plante un laurier à Bythias, à proximité d'un sanctuaire de la Mère des Dieux (Den. de Byz., 51-52 ; cf. Vian, p. 91, n. 1).

267. Retour à la côte européenne.

268. La distance totale est de 10.430 stades entre les deux Bosphores. Le tour complet du Pont (non compris le Palus Méotide) serait donc, selon les auteurs, de :

22.715 stades : Arrien.
23.587 stades : Anon.
22.000 stades : Polybe, IV, 39.
25.000 stades : Strabon, II, 5, 22 (d'après Ératosthène).

INDEX
GEOGRAPHICORVM NOMINVM

68 INDEX GEOGRAPHICORVM NOMINVM

Ζάγατις, **7**, 3.
Ζάγωρα, **14**, 5.
Ζεφύριον, (1), **14**, 3.
Ζεφύριον, (2), **16**, 4.
Ζιλχοί, **18**, 3.
Ζυδρεῖται, **11**, 2.

Ἠϊόνες, **20**, 1.
Ἡνίοχοι, **11**, 2.
Ἡράκλεια, **13**, 3.
Ἡρακλεία ἄκρα, **18**, 3.
Ἡράκλειον, **15**, 3.
Ἡράκλειον ἄκρα, **18**, 2.

Θεοδοσία, **19**, 3.
Θερμώδων, **15**, 3; **16**, 1.
Θιαννική, **7**, 1.
Θόανα, **6**, 4.
Θάψις, **16**, 1.
Θρᾷκες, **25**, 2.
Θρᾷκες οἱ Βιθυνοί, **13**, 6.
Θύμηνα, **14**, 2.
Θυνιὰς ἀκτή, **24**, 6; **25**, 1.

Ἰασόνιος ἄκρα, **16**, 2.
Ἱερὸν Διὸς Οὐρίου, **12**, 2.3; **25**, 4.
Ἱερὸν ὄρος, **16**, 5.
Ἱερὸς λιμήν, **18**, 4.
Ἵππος, **10**, 2; **11**, 4.5.
Ἶρις, **15**, 3.
Ἰσιακῶν λιμήν, **20**, 3.
Ἶσις, **7**, 5.
Ἰστρία, **24**, 2.
Ἰστριανῶν λιμήν, **20**, 2.
Ἴστρος, **20**, 3; **24**, 1.

Καζέκα, **19**, 3.
Κάλης, **13**, 2.3.
Κάλλατις, **24**, 3.
Καλὸν στόμα, **24**, 1.
Καλός, **7**, 2.
Καλὸς λιμήν, **19**, 5; **20**, 1.
Κάλπη, **2**, 3; **12**, 4.5; **13**, 1.
Καππαδόκαι, **6**, 4.
Κάραμβις, **14**, 3.
Καρία, **24**, 3.
Κάρουσα, **14**, 5.

Καρῶν λιμήν, **24**, 3.
Καύκασος, **11**, 5.
Κελτικαί (cf. Ἄλπεις).
Κερασοῦς, **16**, 4.
Κερκινῖτις, **19**, 5.
Κιλίκων νῆσος, **16**, 2.3.
Κίνωλις, **14**, 3.4.
Κόλχοι, **7**, 1; **11**, 1; **25**, 3.
Κόραλλα, **16**, 5.
Κορδύλη, **16**, 5.6.
Κοτύωρα, **16**, 3.
Κρηνίδαι, **13**, 5.
Κρῶμνα, **14**, 1.
Κυάνεαι [πέτραι], **25**, 3.4.
Κύτωρος, **14**, 2.
Κωνωπεῖον, **15**, 2.

Λαζοί, **11**, 2.3.
Λαμπάς, **19**, 4.5.
Λεπτὴ ἄκρα, **14**, 4.
Λευκή (cf. Ἀχιλλέως νῆσος).
Λιλαῖον, **13**, 2.
Λύκος, **13**, 3.

Μαιῶτις λίμνη, **19**, 1.3.
Μασαϊτική, **18**, 3.
Μαχέλονες, **11**, 2.
Μεγαρεῖς, **13**, 3.
Μέλαινα ἄκρα/Μελαίνη ἄκρη, **12**, 3.
Μελάνθιος, **16**, 3.
Μεσημβρία, **24**, 5.
Μητρῷον, **13**, 3.
Μητρῷον Ἀθήνησιν, **9**, 1.
Μιλήσιοι, **10**, 4; **13**, 5; **14**, 5; **19**, 4.
Μῶγρος, **7**, 5; **8**, 1.

Νάρακον (στόμα), **24**, 1.
Ναύσταθμος, **15**, 2.
Νῆσις, **18**, 2.3.
Νιτική, **18**, 1.2.
Νυμφαῖον, **13**, 4.

Ὀδησσός, (1), **20**, 2.
Ὀδησσός, (2), **24**, 4.
Οἰνόη, **16**, 1.
Ὀλβία, **20**, 2.

INDEX
DEORVM ET HOMINVM

INDEX AVCTORVM

TABLE DES MATIÈRES

Ce volume,
de la Collection des Universités de France,
publié aux Éditions Les Belles Lettres,
a été achevé d'imprimer
en décembre 2002
sur presse rotative numérique
de Jouve
11, bd de Sébastopol, 75001 Paris

371ᵉ volume de la série grecque

N° d'édition : 4451
Dépôt légal : décembre 2002

Imprimé en France